家のコンロでも100％おいしい！

まいにちの
おうち中華

おおたき

80

KADOKAWA

はじめに

山ほどあるレシピ本の中で、
この本を手に取っていただき本当にありがとうございます。

僕は山形県酒田市の中華料理屋で働いている、ただの田舎の料理人です。
特にすごい技術も、経歴も特になく、
何なら料理人歴だって、たいして長くありません。
僕が中華料理の道に入ったのは25歳とかなり遅めでした（現在31歳）。
他の料理人とは確実に技術的なギャップがあるし、引け目も感じていました。
どうにかいち早く、早く、料理がうまくなる方法はないか???
模索する中で、厨房で学んだことを無理矢理にでもアウトプットすれば、
さらに誰かに教えることができれば、技術は上がると思ったんです。

「それならYouTubeだ」と閃いたのも2021年とかなり遅め（笑）。
それでも諦めずに、学んだこと、試したことを自分でもおさらいするように
少しでもわかりやすく、そして誰にでも試しやすくと発信を続けた結果、
レシピ本の出版というすばらしい機会をいただきました。
正直自分でもびっくりです。

中華の魅力は、僕がやすやすと語れるほど浅くはないです。
ただひとつ言えるのは、どのジャンルよりも「うまい」ということ（笑）。
少しでも家庭でそんな体験をしてもらえたらと思い、
この本を全力で作らせていただきました！
肩肘張らずに、お酒でも飲みながら楽しく作ってもらえたら幸いです。

おおたき

おおたき的 中華の心得

その一 気楽に作る
焦げても見栄えが悪くてもよし。
楽しんで作ることが大事。

その二 腹をすかせておく
空腹は最強の調味料です。
しっかりお腹をすかせておこう。

その三 腹いっぱい食べる
中華は米、酒と相性が抜群。
米を炊くついでにお酒も用意して。

CONTENTS

ブックデザイン：細山田光宣＋松本 歩（細山田デザイン事務所）
イラスト：朝野ペコ
撮影：赤石仁
DTP：ニッタプリントサービス
校正：文字工房燦光
編集協力：平井裕子
編集担当：今野晃子（KADOKAWA）

中華料理はここを押さえろ!!

家のコンロでも、誰が作っても、美味しい。
そんな中華料理を作るために押さえておきたいポイントをご紹介!

1 中華鍋はしっかり熱して 食材の焦げつきを防ぐ

中華鍋は鉄製で熱伝導率が非常に高い。強火で短時間で仕上げたほうが美味しいとされる炒め物などは特に、均等に熱が入るのでコツいらずでうまく作れるのだ。そのためには、毎回「鍋慣らし」をすることが必要。これで初心者でも焦げつくことなく作れるぞ。

チャーハンも パラパラ!

「鍋慣らし」とは?

中華鍋をうっすら白い煙が立つまで強火で熱して、油を入れて全体になじませること。材料がくっつかずにパラッと仕上がる。鉄鍋のみに使う技法で、それ以外の素材の鍋には不要。スープや煮物を作るときなどもこの作業は不要。

2 油は美味しさのかなめ! 賢く使えば栄養価も高まる

青菜のビタミン 吸収率アップ

「鍋慣らし」をすることもあって、中華料理は油が多め。でも、油に香味野菜やスパイスの香りを移し、その油で炒めることで美味しく仕上がる。油はこめ油や菜種油など好みのものでOK。緑黄色野菜は油で調理するとビタミンAやビタミンDなどの吸収率が高まる。

3 調味料は合わせておけば 慌てずスムーズ

中華料理は辛みや香りを立たせたものが多く、たくさんの種類の調味料を使うレシピも。にんにくやしょうがはみじん切りにして小皿の上で一緒にしておいたり、合わせ調味料は混ぜておいたりすれば、調理も手間なくスムーズに。

調味料の多い麻婆豆腐も簡単

4 下味をつけることで時短に!? ひと手間で美味しさに差が出る

酢豚がグンとやわらかに

中華料理では、材料に下味をつけることを漿（チャン）という。とても大切な作業で、長時間煮込まなくても味がしみ込んだり、かたい肉がやわらかくなったり、旨みを閉じ込めたりできる。このひと手間で、仕上がりに大きな差が出るのだ。

5 片栗粉に頼れば失敗知らず。 トロッとツヤッとプロの仕上がり

水溶き片栗粉が重要な役目を担う中華料理。とろみをつけるのはもちろん、炒め物の仕上げに小さじ1/4（ひとつまみほど）使うことで、タレが絡んで見た目もツヤツヤに。片栗粉を同量の水で溶いておくと、冷蔵庫で1週間ほど保存できるので便利。

野菜炒めも味がよく絡む

マジで使える

お手軽中華道具はこれだ！

中華料理の道具は何を揃えたらいいの？
というあなたのために、手軽に使えて、
あると便利な道具を厳選してお届け！

これさえあれば何でも作れる！ 万能アイテム

【中華鍋】

持ち手が1つの北京鍋と、両
側に持ち手がついた広東鍋など
がある。家庭で使うには片手で扱
いやすい鉄製の北京鍋、サイズは直
径30〜33cmがおすすめ。中華鍋が
あれば「炒める」「煮る」「揚げる」「ゆ
でる」が全部できちゃう。

中華鍋のお手入れ

中華鍋にはサビ止め塗料が塗られている
ので、買ったらまずは表面が白っぽくな
るまで空焼きすること。そして、使った
あとは洗って水気をふき取り、そのつど
油を薄くなじませて保管すればサビ予防
に効果的。

炒めたり、
混ぜたり、
盛りつけたり

【中華おたま】

これ1本で「炒める」「混ぜる」「計量する」「す
くう」「盛りつける」までできる！ この万能さ
に慣れてしまったら他の道具はもう使えなく
なるかも。写真は鉄製だが、初心者はステン
レス製が軽くておすすめ。

中華鍋とセットで
揃えたい

【せいろ】

中華の蒸し料理が美味しく仕上がる

今はさまざまな蒸し器があるが、せいろで蒸すと木の香りが移り、何ともいえない味わいになる。深型の和せいろに対し、中華せいろは浅型で重ねられるのが特徴で、そのまま食卓に運んでも映える。サイズは直径20cmくらいが使いやすいぞ。

【蒸し板】

せいろは本来、中華鍋に直接置いて使うのだが、大きな中華鍋がない家庭ではなかなか難しい。そこで蒸し板の登場。これを使えば、普通の鍋にせいろをのせて蒸すことができる。

せいろの下に敷いて
使う便利グッズ

せいろと蒸し板は鍋にセットして使うよ

蒸し板はせいろと鍋の間に挟んで使うもので、真ん中に大きな穴が開いている。ここから蒸気を通す仕組みだ。鍋にたっぷりの湯を沸かして蒸せば、空焚きも防げて安心。

【ささら】

中華鍋を洗う竹製のたわし。天然素材なので鉄製品の鍋肌を傷めにくく、洗剤を使わずともこびりついた汚れを取り除くことができる。とはいえ、なければ金たわしで洗えばOK。洗剤で洗った場合も、鍋慣らし（P.6参照）をすれば問題なく使えるよ。

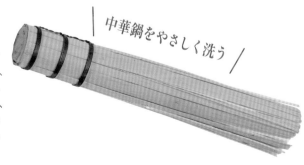

中華鍋をやさしく洗う

中華調味料を使いこなせ！

中華調味料はたくさんの種類があるけれど、なかでも万能に使えるものを紹介。
これさえあれば本格的な味わいに！

トウバンジャン
【豆板醤】

そら豆や唐辛子を発酵させて作った辛みのあるみそ。中華の代表的な調味料で、とにかくピリッと辛い味つけをしたいときはこれ！本書では、P.34の麻婆豆腐、P.48のえびチリなどに使用。

テンメンジャン
【甜麺醤】

小麦粉に麹を加えて発酵させた甘みのあるみそ。そのままでも美味しいので、手軽に甘みとコクをプラスできる。本書では、P.42のホイコーロー、P.70の鶏皮の甘みそ炒めなどに使用。

チーマージャン
【芝麻醤】

香ばしく炒った白ごまに植物油などを加え、なめらかなペースト状にしたもの。混ぜるだけで濃厚&本格的な味に。本書では、P.100の蒸し野菜のごまダレ、P.109のバンバンジーに使用。

トウチジャン
【豆豉醤】

黒豆に麹や塩を加えて発酵させた豆豉を、使いやすくペースト状にしたもの。塩辛くて旨みがたっぷり。本書では、P.95のにんにくの芽とひき肉炒め、P.100の蒸し野菜の豆豉ダレに使用。

【赤唐辛子】

中華だけでなく世界中の料理で使われる香辛料。切り方によって辛さが変わるので、輪切りやみじん切りにして使い分け。本書では、P.36のよだれ鶏、P.86のラーズーチーなどに使用。

【八角】

中国の木の果実を乾燥させたもの。独特な甘い香りが強く、日本人には好き嫌いが分かれる。肉や魚の臭み消しとしても◎。本書では、P.60の中華的肉じゃが、P.114のルーローハンで使用。

【クミンパウダー】

カレーに使われる香辛料のひとつ。中華では、炒め物や煮込み料理などに使われる。香りがよいので、料理の仕上げにふりかけても。本書では、P.79の手羽先のクミン炒めで使用。

【五香粉】
ウーシャンフェン

花椒、シナモン、クローブ、陳皮、八角など5種類以上を配合したミックススパイス。使うだけで本格中華の香りが漂う。本書では、P.75のウンパイルー、P.114のルーローハンで使用。

【花椒】
ホアジャオ

中国原産で、山椒に比べ辛みも香りも強いのが特徴。ピリッとしびれるような刺激がやみつきに。本書ではP.54の花椒油で使用し、これをさまざまな料理に使い回している。

【中国しょうゆ】

とろみとコクがあり、ほのかに甘いしょうゆ。真っ黒な色と照りを出し、炒め物や煮物の色づけにも重宝。本書では、P.62の中華的ソース焼きそば、P.121の黒チャーハンなどに使用。

【紹興酒】
ショウコウシュ

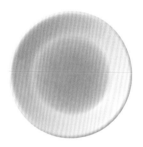

独特の風味と甘さのある酒。肉や魚の臭み消し、香りづけなどを目的に、蒸し料理や炒め物などに使える。本書では、P.82の酔っぱらいえび、P.83のあさりの酒蒸しなどに使用。

【香酢】

香酢は中国の黒酢のことで、まろやかな酸味と芳醇な香りが特徴。本書では「鎮江香酢」を使っているが、一般的な黒酢で代用可能。P.19トマトの黒酢和え、P.52の酢豚などに使用。

うま味調味料はすばらしい
現代の技術。上手に使おう

料理を美味しくするために旨みは必須。でも食材だけで旨みを引き出すのは、料理によってはコストや技術の面で難しい。そこで頼りになるのがうま味調味料。中華料理にとっても大切な調味料のひとつで、いろいろな料理に活用しているぞ。

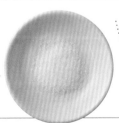

手軽に旨みをプラス！

本書の使い方

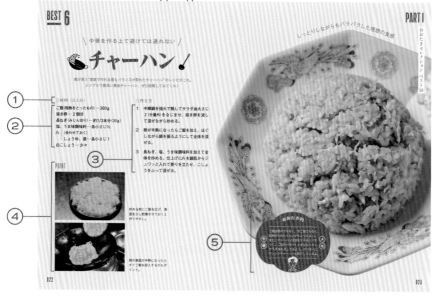

① 最初は分量通りに作ろう

レシピによるが、作りやすいよう2人分が基本。いきなり倍量（4人分）を作ろうとすると、火力が材料に対して追いつかないので、うまく仕上がらない場合も。慣れてくれば火力を調節して作れるようになるので、最初は分量通りに作るといいぞ。

③ 中華鍋はそんなに振らない

中華料理といえば鍋をバンバン振ると思われがちだが、作り方を見ればわかる通り、家庭のコンロの火力に合わせてそんなに振らなくても大丈夫なレシピにしているよ。チャーハンのように材料を均一に混ぜ合わせるときや、仕上げに材料とタレをなじませるときに軽く振るくらいでOK。

② 中華は段取りがめっちゃ大事

（みじん切り）…などと材料名の後ろにカッコ書きしてある場合は、先に切っておくこと。A（合わせておく）…などとアルファベットでくくってある調味料は、混ぜ合わせておくこと。段取りよく下準備すれば、もう終わったも同然!?

④⑤ 調理前にチェック！

美味しく作れるよう、ポイントを写真付きで紹介。それでも書き足りないことはメモ欄に載せているので、よく読んでから調理しよう。

レシピについて	◎計量単位は大さじ1＝15㎖、小さじ1＝5㎖です。 ◎卵はLサイズを使用しています。 ◎水溶き片栗粉は、片栗粉を同量の水で溶いたものを使用しています。 ◎火加減は目安です。家庭用コンロ、IHヒーターなど機種により火力が異なりますので、 　様子を見て調節してください。 ◎電子レンジのワット数や加熱時間は機種によって異なります。様子を見て加減してください。

PART 1

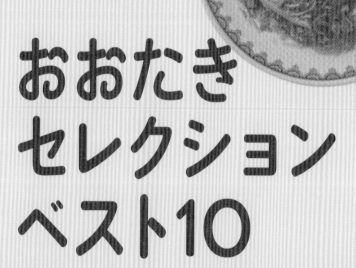

おおたき
セレクション
ベスト10

まず最初に、
僕がみなさんに特におすすめしたい10品を紹介。
手頃な食材で作りやすい中華料理の入門的なレシピばかり。
気負わず作ってみてくれ！

BEST 1

\ 大人から子どもまで好きな味 /

春雨しょうゆ炒め

「このレシピさえ覚えていれば何とかなる」俺たちの春雨炒め！
ほうれん草が彩りよく絡み、食べ応えがあるのにいくら食べても罪悪感ナシ。

◎材料（2人分）

春雨（乾燥）…50g
ほうれん草…1〜2株
豚ひき肉…100g
A（合わせておく）
　しょうゆ、紹興酒（または酒）
　　…各小さじ1
B　にんにく、しょうが（ともにみじん切り）
　　…各1かけ分
C（合わせておく）
　しょうゆ…大さじ1と½
　オイスターソース…大さじ½
　紹興酒（または酒）…小さじ2
　砂糖…小さじ1
水…120㎖
水溶き片栗粉…小さじ½〜適宜
ごま油…少々

◎作り方

1　春雨は熱湯（分量外）に5分ほどつけてやわらかく戻し、水気をきる。ほうれん草は約5㎝の長さに切る。

2　中華鍋を強火で熱してサラダ油大さじ1（分量外）をなじませ、ひき肉を炒める。火が通って軽くパチパチと音がしてきたら**A**を加える。

3　ひき肉が色づいたら火を弱め、**B**を加えて香りが立つまで炒める。**C**、水、春雨を加え、強火にして煮立たせ、春雨に煮汁を1〜2分吸わせる。

4　ひたひたになったらほうれん草を加え、混ぜながらしんなりするまで煮る。水溶き片栗粉でとろみをつけ、仕上げにごま油を回し入れる。

POINT

春雨は長ければ半分にカットしてから戻すこと。水ではなく湯で戻すと時短になり、しっかり水をきっておくと味のブレがない。

味つけは至ってシンプル。なのにご飯がすすむ！

おおたき的

中（中）
華（華）

メ（メ）
モ（モ）

中華でちょっと一品作りたいときに最適の料理。しょうゆ味で辛みもなく、バクバク食べられるのでたくさん作っても余らない。煮込みすぎると汁気がなくなりパサつくので注意。煮詰まったら水を足そう！

\ これぞ進化できる最強おかず！／

蒸し鶏

蒸し鶏といっても、湯の中でじっくりゆでる方法で作るので簡単だ。
この料理はP.36のよだれ鶏やP.109のバンバンジーなどに変身させることができる。

◎材料（作りやすい分量）

鶏もも肉（または鶏むね肉）… 2枚
しょうが（薄切り）… 2枚
長ねぎ（青い部分）… 1本分
【万能ねぎダレ】
ごま油…大さじ2
オイスターソース、酢、おろししょうが
　（またはチューブ）…各小さじ2
塩…ひとつまみ
万能ねぎ（小口切り）…たっぷり
【ねぎ花椒ダレ】
長ねぎ（みじん切り）… 1本分（100g）
おろししょうが（またはチューブ）…小さじ1
サラダ油…大さじ3
花椒油（P.54参照、あれば）…大さじ1
塩…小さじ¼〜好みの量
うま味調味料…ひとつまみ
香菜（シャンツァイ）…好みで適量

◎作り方

1　大きめの鍋に湯を約2ℓ（分量外）沸かし、弱火にしてしょうがと長ねぎ（青い部分）を入れる。鶏肉を加え、湯は沸かさずゆっくり対流する程度の弱火で20分ゆで、冷水にとる。

2　万能ねぎダレを作る。器にすべての材料を入れて混ぜる。

3　ねぎ花椒ダレを作る。器に長ねぎを入れてしょうがをのせる。中華鍋にサラダ油を入れて煙が出るほど熱したら、それを器の中にジュッとかけてねぎの香りを立たせ、残りの材料を加えて混ぜる。

4　1が冷めたら水気をきり、食べやすく切る。器に盛り、好みで香菜を添え、タレをかけて食べる。

POINT

ゆで汁に鶏肉をつけたまま冷蔵庫で2〜3日保存可能なので、多めに4枚作っても。乾燥せずにしっとり保存できる。最後に残ったゆで汁は冷えて固まった脂を取ってスープに使うとうまい。

鶏肉の旨みとしっとり感を存分に味わおう

ねぎ花椒ダレ

おおたき的

中華

鶏肉が大きい場合は包丁で切り込みを
入れて厚みを均等にし、弱火でじっく
りゆでること。冷水でしめたあとはし
っかり水気をきらないと、味が薄くな
るぞ。タレは2種類とも香りや食感が
よく、かけるだけで美味しさアップ。

メモ

万能ねぎダレ

\ 揚げ焼きするように作るのが中華流 /

中華的目玉焼き

イレギュラーな目玉焼き！ こいつがサクッと茶碗の米をさらっていく。

◎材料（1人分）

卵…1個
万能ねぎ…適量
A（合わせておく）
砂糖、しょうゆ、酢…各小さじ1

おおたき的

ほどよく焦げた白身の食感がアクセント。タレがしみ込んだ目玉焼きをのせれば、今までにない味にご飯がすすむことを保証しよう。焼けた万能ねぎも風味がよいのでぜひ入れて。

◎作り方

1 万能ねぎは5cmの長さに切る。

2 中華鍋を強火で熱してサラダ油大さじ1（分量外）をなじませ、卵を割り入れ、中火～強火で焼く。

3 白身の裏面に軽く焼き色がついてきたら半分にたたみ、しっかり焼き色がついたらひっくり返す。両面がこんがり焼けたら**A**と1を加え、万能ねぎがしんなりしたら火を止める。

POINT

卵をたたむのが難しければ、ただひっくり返すだけでもいい。表面はカリンと、中は半熟に仕上げるのが最高に美味しい状態だ。

甘酢しょうゆ味が卵に絡んでご飯によく合う

\ レンゲで食べるトマトサラダ /

トマトの黒酢和え

ごまのプチプチ食感とさっぱりとした黒酢ダレで、食べ飽きないサラダの完成だ。

◎材料（2人分）

トマト…1〜2個(200g)
白炒りごま…大さじ1
A （合わせておく）
　ごま油…大さじ1
　砂糖、しょうゆ、黒酢、レモン汁
　　…各小さじ1
　おろしにんにく…小さじ¼
香菜（シャンツァイ）…好みで適量

◎作り方

1　トマトは乱切りにする。

2　中華鍋に白ごまを入れて中火にかけ、焦がさないように揺すりながら炒り、パチパチと音がしてきたらAに加える。

3　1と2を混ぜて器に盛り、好みで香菜（シャン ツァイ）を添える。

POINT

ごまは炒ることで香りがグンと上がる。手間をかけただけの味わいになるので、この工程は省かずにやってほしい。

甘酸っぱいタレごと飲むように食べると絶品

おおたき的

中華　メモ

味の落ちたトマトを使う場合は、乱切りにしたあと全体に塩をパラパラとふりかけ、10分ほどおくといい。水分が抜けて味が濃くなり、甘さが増すのでおすすめ。

\ これが中華における卵料理の王様だ！ /

ムースールー

「木須肉」と書いてムースールー。ふんわり炒めた卵が金木犀（キンモクセイ）に似ていたことに由来する。きくらげと豚肉も一緒に炒めるのが基本。

◎材料（2人分）

溶き卵… 3個分
きくらげ（戻したもの）… 40g（4〜5枚分）
小松菜… 大1株（70g）
豚バラ薄切り肉… 100g
A│ しょうが（みじん切り）… 1かけ分
 │ 長ねぎ（みじん切り）… ⅒本分（10g）
B│ （合わせておく）
 │ しょうゆ… 大さじ1
 │ 砂糖、オイスターソース、水
 │ … 各小さじ2
 │ 酒… 小さじ1
水溶き片栗粉… 小さじ¼（ひとつまみ）
ごま油… 少々

POINT

卵はさっと炒めて8割ほど火を通すとふんわり仕上がる。卵を戻し入れるときは3〜4等分にほぐしながら加え、全体を混ぜればOK。

◎作り方

1 きくらげは石づきを取り、大きければ半分に切る。小松菜は5cmの長さに切る。豚肉は食べやすい長さに切る。

2 中華鍋を強火で熱してサラダ油大さじ1（分量外）をなじませ、溶き卵を流してさっと炒め、半熟状になったらいったん取り出す。

3 同じ中華鍋にサラダ油大さじ1（分量外）を入れ、豚肉を中火で炒める。肉に8割ほど火が通ったらきくらげと小松菜を加えて炒め、小松菜がしんなりしたら全部をいったん取り出す。

4 同じ中華鍋にサラダ油大さじ1（分量外）を入れ、Aを弱火で炒める。香りが立ったらBを加えてなじませ、3を戻して強火で炒める。2をほぐしながら戻し入れ、鍋を軽く振るようにして全体を混ぜたら、水溶き片栗粉でとろみをつける。仕上げにごま油を回し入れる。

ふんわり卵とコリコリのきくらげ、豚肉のコクが絶妙

おおたき的

中華で卵を炒める料理は数多くあるが、この料理は群を抜いてうまいので人気が高い。卵の他は豚肉ときくらげで、今回は彩りに小松菜もプラス。ちょっとくらい失敗しても味は保証付きなんで安心してください（笑）。

中
華

メ
モ

\ 中華を作る上で避けては通れない /

チャーハン

僕が思う"家庭で作れる最もバランスが取れたチャーハン"のレシピがこれ。
シンプルで奥深い黄金チャーハン、ぜひ挑戦してみてくれ!

◎材料（2人分）

ご飯（粗熱をとったもの）…300g
溶き卵…2個分
長ねぎ（みじん切り）…約⅓本分（30g）
塩、うま味調味料…各小さじ½
A（合わせておく）
　しょうゆ、酒…各小さじ1
白こしょう…少々

◎作り方

1　中華鍋を強火で熱してサラダ油大さじ2（分量外）をなじませ、溶き卵を流して混ぜながら炒める。

2　卵が半熟になったらご飯を加え、ほぐしながら鍋を振るようにして全体を混ぜる。

3　長ねぎ、塩、うま味調味料を加えて全体を炒める。仕上げにAを鍋肌からジュワッと入れて香りを立たせ、こしょうをふって混ぜる。

POINT

炒める前にご飯を広げ、表面を少し乾燥させておくと作りやすい。

卵の表面が半熟になったらすぐご飯を投入するのもポイント。

しっとりしながらもパラパラした理想の食感

おおたき的

ご飯は熱々でもなく、冷ご飯でもなく、
粗熱がとれたくらいがちょうどよい。
また、チャーハンは油をケチるとバサ
つく。ご飯がバサつくときはもう少し
サラダ油を足してみよう。P.118〜に
アレンジチャーハンも紹介しているよ。

中華 メモ

\ 厚揚げで作るお手軽麻婆豆腐 /

ジャージャン豆腐

中国で親しまれている家庭料理。麻婆豆腐のように煮込まず炒めるだけで簡単！

◎材料（2人分）

厚揚げ… 1袋(250g)
にんじん… ⅕本(30g)
小松菜… 1株(50g)
豚バラ薄切り肉…100g
A │ にんにく、しょうが（ともにみじん切り）
　│ 　…各1かけ分
　│ 豆板醤（トウバンジャン）…小さじ2
B │ （合わせておく）
　│ しょうゆ、水…各大さじ1
　│ 砂糖、酒…各小さじ2
水溶き片栗粉…小さじ¼(ひとつまみ)
ごま油…少々

◎作り方

1　厚揚げは三角形になるようひと口大に切る。にんじんはひし形になるよう斜め薄切りにする。小松菜は5cmの長さに切る。豚肉は食べやすい長さに切る。

2　中華鍋を強火で熱してサラダ油大さじ1（分量外）をなじませ、豚肉を中火で炒める。肉に8割ほど火が通ったら厚揚げとにんじんを加えて炒め、それぞれ火が通ったらいったん取り出す。

3　同じ鍋にサラダ油大さじ2（分量外）を入れ、Aを弱火で炒め、香りが立ったらBを加えてなじませる。小松菜を加えて2を戻し入れ、小松菜がしんなりするまで炒めたら、水溶き片栗粉でとろみをつけ、仕上げにごま油を回し入れる。

POINT

中華料理は食材を三角形やひし形に切ることが多い。厚ければ横スライスすると火の通りが早くなる。

具だくさんでピリ辛！お酒にもご飯にも合う

おおたき的

中華 メモ

土地によって味つけや材料も異なるこの料理。決まったものといえば豆腐ではなく揚げ豆腐を使うこと。冷蔵庫にある食材をかき集めてトライしてみよう。

卵のチリソース

チリソースは卵との相性抜群。強制的にご飯のすすむ卵おかずの完成だ。

◎材料（2人分）

溶き卵… 3個分

A にんにく、しょうが（ともにみじん切り）
　　 …各1かけ分
豆板醤（トウバンジャン）…小さじ1

B （合わせておく）
　砂糖、トマトケチャップ
　　…各大さじ2
　酢…大さじ1
　中濃ソース…小さじ1

ごま油…少々
長ねぎ（みじん切り）… 1/5本分（20g）

POINT

卵はよく溶いておくこと。半熟ではなく、かために火を通しても美味しいので失敗知らず。

◎作り方

1 中華鍋を強火で熱してサラダ油大さじ1（分量外）をなじませ、溶き卵を流して混ぜながら炒め、火が通ったら形を整えて器に盛る。

2 同じ中華鍋にサラダ油大さじ1（分量外）を入れ、**A**を弱火で炒める。香りが立ったら**B**を加えて中火にし軽く煮つめる。

3 少しとろみがついたらごま油を回し入れ、1にかけて長ねぎをのせる。

ご飯にのせたら辛いオムライスのできあがり

おおたき的

中華 メモ

サラダ油は多めに使い、油の上で卵を混ぜるイメージで火を通して。チリソースがめっちゃ美味しいので、卵だけとは思えないほどの満足度がきっとあなたを襲うことだろう。

\ 「あっ」という間になくなります… /

チンジャオロース

この料理が嫌いな人はこの世にいない。とにかくうまい！
僕の子ども時代のピーマン嫌いは父の作ったこれで克服しました。

◎材料（2人分）

豚ロース薄切り肉…120g
ピーマン…3個
たけのこ（水煮）…80g
A（肉の下味）
　片栗粉、しょうゆ、酒…各小さじ1
　サラダ油…小さじ½
B　しょうが（みじん切り）…1かけ分
　長ねぎ（みじん切り）…約⅒本分（15g）
C（合わせておく）
　しょうゆ…大さじ1
　オイスターソース…小さじ2
　酒、水…各小さじ1
　砂糖…小さじ¼
ごま油…少々

◎作り方

1　ピーマン、たけのこ、豚肉は細切りにし、肉に**A**のしょうゆ、酒をなじませた後、片栗粉をまぶし油でコーティングする。

2　中華鍋を強火で熱してサラダ油大さじ1（分量外）をなじませ、豚肉をほぐしながら中火で炒める。肉に8割ほど火が通ったら、たけのこ、ピーマンを加え、ピーマンの香りがするくらいまで炒め、いったん取り出す。

3　同じ中華鍋にサラダ油大さじ1½（分量外）を入れ、**B**を弱火で炒める。香りが立ったら**C**を加えてなじませる。

4　2を戻し入れ、強火にしてタレを絡ませるようにして炒め、仕上げにごま油を回し入れる。

POINT

レシピは豚ロース肉を細切りにしているけど、正直、肉の種類も切り方も何でもあり。切り方は大きすぎなければ、こま切れ肉をそのまま使っても美味しくできます。料理名変わっちゃうけど（笑）。

タレがとろんと絡んで肉も野菜も爆食い

おおたき的

中華

メモ

豚肉に下味をもみ込むときは、肉がちぎれないようにやさしく。ピーマンは横に切ると苦みが強く、縦に切ると苦みが抑えられるのでお好みで。下味に片栗粉を入れているので、仕上げの水溶き片栗粉はなしでOK。

\ 葉物野菜なら全部このレシピでOK /

青菜炒め

これが中華の基本の青菜炒めだ。家庭のコンロの火力でも十分美味しく作れます!

◎材料(2人分)

小松菜… 1袋(200g)
にんにく(薄切り)… 2かけ分
A (合わせておく)
　　紹興酒(または酒)… 大さじ2
　　塩 … 小さじ¼
　　うま味調味料…ひとつまみ
ごま油…少々

◎作り方

1　小松菜は葉と茎に分け、茎は5㎝の長さに切り、太い部分は縦に包丁を入れて半分に切る。葉はざく切りにする。

2　中華鍋を強火で熱してサラダ油大さじ1(分量外)をなじませ、にんにくを弱火で炒め、香りを立たせる。

3　にんにくが軽く色づいたら強火にして小松菜の茎を加え、全体に油がまわってツヤが出たらAを加えてなじませる。茎が少ししんなりしたら葉を加え、さっと炒め、仕上げにごま油を回し入れる。

食感が命! にんにくと塩味でシンプルにうまい

POINT

炒めすぎると持ち味がなくなるので、シャキシャキを目指して茎と葉が同時に仕上がるイメージを心がけよう。茎の太い部分は半分に切って、火を通しやすくするのがコツ。

おおたき的

中華 メモ

にんにく風味のツヤめいた青菜はパクパク止まらなくなる味わい。塩は足りなければ仕上げにふりかけて調整を。

PART 2

定番中華を
ガチで作る

次に紹介するのは、
中華料理を作るなら押さえておきたい定番メニュー。
ひと手間加えるだけでお店レベルの味が
実現できる作り方を伝授します。ガチでうまいよ！

餃子

作るの1時間、食べるの5分(笑)。それほどに美味しい！
マジで家で作ったのか疑われるレベルの餃子が作れちゃいます。

◎材料（約30個分）

豚ひき肉…200g
キャベツ…大¼個(400g)
ニラ…約⅓袋(30g)
長ねぎ…約½本(60g)
牛脂(常温に戻したもの)…40g
　(スーパーでもらえる個包装タイプなら5個)
おろしにんにく、おろししょうが
　(またはチューブ)…各小さじ1
A　(合わせておく)
　しょうゆ、酒…各大さじ1
　顆粒鶏ガラスープの素、砂糖、
　　うま味調味料、ごま油…各小さじ1
　水…50ml
溶き卵…1個分
餃子の皮…約30枚

POINT

キャベツは細かくみじん切りにすると餃子の皮で
包む際にやぶれにくい。また、塩を混ぜて水分を
しっかり絞るのもポイント。青臭みが取れ、味も
ボケないので美味しさが増し増しに。

◎作り方

1 キャベツはみじん切りにし、塩小さじ
　2(分量外)を全体に混ぜ、10分おく。
　その間にニラを5mm幅に切り、長ねぎ
　はみじん切りにする。キャベツから出
　た水分をしっかり絞る。

2 ボウルに豚ひき肉、牛脂、にんにく、
　しょうが、塩ひとつまみ(分量外)を入
　れ、粘りが出て白っぽくなるまで練る。
　Aと溶き卵を加えてよく混ぜたら、1
　を加えて野菜をつぶさないように全体
　をさっくり混ぜる(夏場は冷蔵庫で少し
　冷やすと◎)。

3 餃子の皮に2をたっぷりのせて包む
　(包むのが難しければ皮のまわりに水をつ
　けてとじるだけでOK)。バット(なけれ
　ば皿にラップを敷いたもの)に並べて1
　日以上冷凍する。冷凍せずにすぐ焼い
　てもOK。

4 フライパンに油適量(分量外)を薄くな
　じませ3を凍ったまま並べ、餃子の高
　さ半分ほどの熱湯(分量外)を注いで強
　火にかけ、フタをして4〜5分蒸す。
　火が通ったらフタを外して水分を飛ば
　したら(水分が多ければ捨てる)、油を大
　さじ1ほど追加し2分30秒ほど中火
　〜強火でこんがり焼き色がつくまで焼
　く。器に盛り、好みでしょうゆとラー
　油各適量(分量外)を添える。

肉汁があふれ出すジューシーさ。何もつけずとも美味

おおたき的

中華 メモ

ひき肉と牛脂は粘りが出るまで練ること。野菜を加えたら、つぶさないように混ぜること。一度冷凍すること。これで旨みが引き出され、ジューシーな餃子に仕上がるぞ。餃子の皮の包み方は、口が閉じてさえいれば何でもOK!

\ このうまさに全員ノックアウト /

えびマヨ

あまり教えたくはないが、持ってけ泥棒 (笑) レシピ。
ほのかな辛みのある爽やか濃厚マヨネーズソースで、ひと味違う味をお楽しみに！

◎材料 （2人分）

えび (殻付き)…10尾〜
砂糖、熱湯…各大さじ1
粉チーズ…小さじ2
A （えびの下味）
　塩…ふたつまみ
　溶き卵…1個分
　片栗粉…大さじ5
B マヨネーズ…大さじ7〜8 (100g)
　レモン汁…小さじ1
　からし、豆板醤…各小さじ¼
好みの野菜 (レタス、トマト、パセリ)
　…適量

◎作り方

1　えびは殻をむいて背ワタを取り、塩小さじ1、片栗粉大さじ1 (各分量外) を1分ほどもみ込み、流水で洗う。

2　1の水気をふき取って別のボウルに入れ、**A**を加えてよく混ぜ、衣を絡ませる。

3　ボウルに砂糖、熱湯、粉チーズを入れてよく混ぜ、溶けたら**B**を加えてソースを作る。

4　中華鍋にサラダ油適量 (分量外) を入れて170〜180度に温め、**2**を1分30秒〜2分、カラッと揚げて油をきる。えびが熱いうちに**3**に加えてソースを絡め、好みの野菜とともに器に盛る。

POINT

片栗粉は多めに加えると、衣にボリュームが出て食感もアップ！ えびは揚げすぎるとかたくなるので手早くカラッと揚げよう。えびの下に野菜を敷くと、マヨネーズソースともマッチする。

おおたき的

中華 粉チーズを使うことでマヨネーズソースにコクと深みを出し、からしや豆板醤で辛みをプラス。いつも冷蔵庫にある材料でこの味は「お〜っ」となること間違いなし！ 衣を絡ませカラッと揚げたえびとの相性◎。 **メモ**

ジューシーなえびにソースが絡んでめちゃクリーミー

麻婆豆腐

麻婆豆腐と聞けば、みんな同じ味を連想することだろう。しかし本当は、
ラーメンのように店によって味が全然違う。ぜひ他の味と比べてみてくれ。

◎材料（2人分）

木綿豆腐… 1丁（300g）
長ねぎ（白い部分）…約⅓本分（30g）
長ねぎ（青い部分）…適量
豚ひき肉…80g
A　にんにく（みじん切り）… 2かけ分
　　しょうが（みじん切り）… 1かけ分
　　豆板醤（トウバンジャン）…大さじ1
　　豆豉醤（トウチジャン）…小さじ2
　　一味唐辛子…小さじ½
B　（合わせておく）
　　酒、甜麺醤（テンメンジャン）…各小さじ2
　　顆粒鶏ガラスープの素、しょうゆ
　　　…各小さじ1
　　砂糖…小さじ½
　　水…180㎖
水溶き片栗粉…小さじ2〜
ラー油…大さじ1〜
花椒油（ホアジャオ）（P.54参照）…小さじ1〜
ごま油…少々

◎作り方

1　豆腐はさいの目切りにする。長ねぎ（白
　い部分）は粗みじん切りにし、長ねぎ
　（青い部分）はひし形になるよう斜めに
　切る。

2　中華鍋を強火で熱してサラダ油大さじ
　1（分量外）をなじませ、ひき肉を中火
　〜強火で炒める。火が通って軽くパチ
　パチと音がしてきたらいったん取り出
　す。

3　同じ中華鍋にサラダ油大さじ2（分量
　外）を入れ、Aを全部がまとまりしっ
　かり香りが立つまで弱火で炒める。2
　を戻してなじませ、Bを加える。豆腐
　を水気をきって加えて中火〜強火で2
　〜3分煮詰める。

4　豆腐の頭が出るくらいひたひたになっ
　たら味見する。少し濃いめに煮詰まっ
　たところで中火にして長ねぎの白い部
　分と青い部分を加え、水溶き片栗粉で
　とろみをつける。仕上げにラー油、花
　椒油、ごま油をそれぞれ鍋肌から入れ、
　強火にして周りを焼きつける。

POINT

味が少し濃いなと感じるく
らいまで煮詰めておき、最
後に強火で焼きつけるのが
美味しさの秘訣。

辛さだけじゃない！ 香りやコク満点の刺激的なうまさ

おおたき的

中華 メモ

豆腐は下ゆでせずに加えて煮込むことで、大豆の旨みを逃さずキャッチ。また、花椒油（なければ花椒パウダー）を入れることで香りがグンとよくなり、本格的に仕上がる。作ってハズレなら土下座しに行きます！

\ 香りがヤバイ即席ラー油爆裂！ /

よだれ鶏

本来はラー油を使うのだが、赤唐辛子＋熱した油で香り立つうまさに。
このレシピを知ったら、もう店じゃなく家のよだれ鶏で満足するはず！

◎材料（2人分）

蒸し鶏（P.16参照）… 1枚分
きゅうり… 1本
A　（合わせておく）
　にんにく、しょうが
　　（ともにみじん切り）…各1かけ分
　しょうゆ…大さじ2
　砂糖…大さじ1
　黒酢…小さじ2
　酢…小さじ1
　オイスターソース…小さじ½
赤唐辛子（みじん切り）…小さじ2〜
白炒りごま…適量
香菜（シャンツァイ）…好みで適量
花椒油（ホアジャオ）（P.54参照）…小さじ1〜

◎作り方

1　きゅうりは細切りにして器に盛る。

2　蒸し鶏は食べやすく切り、1のきゅうりの上にのせる。合わせておいた**A**のタレをかけ、上に赤唐辛子をのせる。

3　中華鍋にサラダ油大さじ2（分量外）を入れて強火にかけ、煙が立つほどに熱したら2の赤唐辛子にかける。白ごまを散らして好みで香菜をのせ、花椒油を回しかける。

POINT

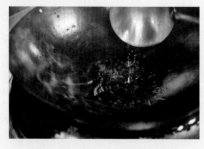

油の温度が高すぎると、油に焦げた香りがついてしまうので注意。

熱した油を赤唐辛子に少しかけてみて、ジュッと香りが立てばOK。

甘酸っぱいタレと香ばしい辛みが蒸し鶏を包み込む

おおたき的

辛みはそこそこに、赤唐辛子の香りを前面に出したよだれ鶏だ。ひと口食べればその香ばしさにたちまち目を見開くことだろう。辛さを足したければ一味唐辛子を、香りを足したければ花椒パウダーをさらにかけると◎。

中華

メモ

\ さらば！ ベチョベチョの野菜炒め /

野菜炒め

強火で中華鍋を振らなくても、ほぼ中火で炒めるだけ。
シャキシャキ食感で野菜の旨みを最大限に引き出した野菜炒めの完成！

◎材料（2人分）

豚バラ薄切り肉…80g
玉ねぎ…大¼個（60g）
にんじん…⅕本（30g）
ピーマン…1個
キャベツ…2枚（100g）
もやし…約⅓袋（60g）
ニラ…2〜3本
A | （合わせておく）
　| しょうゆ、オイスターソース
　| 　…各小さじ2
　| 紹興酒（または酒）…小さじ2
　| うま味調味料…小さじ½
　| 砂糖…小さじ¼
水溶き片栗粉…小さじ¼（ひとつまみ）
黒こしょう、ごま油…各少々

おおたき的

火の通る順番を考え、炒めるごとにいったん取り出しながら作っていくことで、すべての素材の持ち味が生きる！ 野菜が油をキャッチするので、炒めている途中で油が足りないと感じたらその都度少しずつ足してOK.

中 華

メ モ

◎作り方

1　玉ねぎは薄切り、にんじんは細切り、ピーマンは乱切り、キャベツはざく切りにし、ニラは5cmの長さに切る。豚肉は食べやすい長さに切る。

2　中華鍋を強火で熱してサラダ油大さじ1（分量外）をなじませ、豚肉を中火で炒める。肉に8割ほど火が通ったら玉ねぎとにんじんを加え、玉ねぎが少し透き通るくらいまで炒める。ピーマンを加えてさっと炒め、油がまわったら全部をいったん取り出す。

3　同じ中華鍋にサラダ油大さじ1（分量外）を入れ、中火でキャベツを炒める。塩ひとつまみ（分量外）をふり、しなっとして油がまわったらもやしを加えて20〜30秒炒め、全部をいったん取り出す。

4　同じ中華鍋にAを入れ、中火で沸騰させたら2と3を戻し入れる。強火にして全体を混ぜ、ニラを加えてさっと炒める。水溶き片栗粉でとろみをつけ、黒こしょうをふり、ごま油を回し入れる。

豚バラのコクをまとった野菜が甘くてうまい

POINT

炒めた野菜をいったん取り出す際は、ボウルにザルをセットしておけば余分な水分がきれて◎。

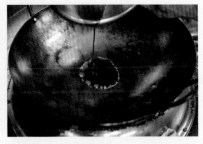

調味料はジュワッと沸騰させてから野菜と合わせること。これでシャキシャキに仕上がる！

\ 君だけに特別な衣の配合を教えよう /

クリスピー唐揚げ

サクサクではない、これはカリカリの衣の唐揚げ。
これから紹介するレシピを守って作れば、専門店のような唐揚げが再現可能だ。

◎材料（2人分）

鶏もも肉… 1枚
【ブライン液】（食材をやわらかくする調理液）
塩、砂糖…各10g
水…200㎖
長ねぎ（青い部分）…適量

A | しょうゆ、酒…各小さじ2
　　| おろしにんにく（またはチューブ）
　　|　 …小さじ½
　　| 片栗粉…大さじ1
B | （合わせておく）
　　| 米粉…50g
　　| コーンスターチ…25g
　　| 塩、うま味調味料…各ひとつまみ
レモン…好みで適量

◎作り方

1　鶏肉は4等分に切る。時間に余裕があればボウルにブライン液の塩、砂糖、水を混ぜて溶かし、長ねぎ（青い部分）と鶏肉を入れて2時間ほど漬け込む。

2　鶏肉の水気をふき取り、Aを順にもみ込み、皮の部分をしっかり伸ばしてからBの衣を両面にまんべんなくまぶす。

3　皮目を上にして霧吹きで水を吹きかけ、5分ほどおいて両面をしめらせる。

4　中華鍋にサラダ油適量（分量外）を入れて160度に熱し、3を4分揚げたらいったん取り出す。1〜2分おいてから、再び180度に熱した油できつね色になるまで揚げて油をきる。器に盛り、好みでレモンを添える。

POINT

衣をつける前に鶏肉の皮を伸ばすこと。さらに、水を吹きかけて5分ほど放っておくことで衣と肉がなじみ、揚げるとカリカリに！

おおたき的

中華 メモ

ブライン液に漬け込むとジューシー感が爆発。油はたっぷり入れ、2度目に揚げる際には油の中から肉を何度か持ち上げて空気に触れさせ、また油に入れるのを3回ほど繰り返すと表面の水分が飛んで、よりカリカリになるぞ！

衣が薄くてカリカリ! 肉感しっかりで食べ応え抜群

ホイコーロー

市販の中華合わせ調味料を買わなくても、このレシピがあれば大丈夫。
本場の味つけはもっと辛いけど、この甘辛い味が日本人向けで美味しいんだよな。

◎材料（2人分）

豚バラ薄切り肉…100g
キャベツ…大1/8個（200g）
ピーマン…1個

A にんにく（みじん切り）…1かけ分
　　長ねぎ（斜め切り）…約1/3本分（30g）
　　豆板醤（トウバンジャン）…小さじ2
　　豆豉醤（トウチジャン）…小さじ1

B （合わせておく）
　　甜麺醤（テンメンジャン）…大さじ2
　　砂糖、水…各大さじ1
　　しょうゆ、酒…各小さじ1

水溶き片栗粉…小さじ1/4（ひとつまみ）
ラー油…好みで小さじ2
ごま油…少々

◎作り方

1　キャベツは手でちぎる。ピーマンは乱切りにする。豚肉は食べやすい長さに切る。

2　中華鍋を強火で熱してサラダ油大さじ2（分量外）をなじませ、豚肉を炒める。肉に8割ほど火が通ったらキャベツを加え、水大さじ1（分量外）をふって水分を飛ばしながら炒め、少ししんなりしてきたらピーマンを加えて炒める。キャベツが少し透き通ってきたら全部をいったん取り出す。

3　同じ鍋にサラダ油大さじ2（分量外）を入れ、**A**を加えて弱火で炒める。香りが立ったら**B**を加えてなじませ、**2**を戻して強火で炒める。

4　タレが絡んだら水溶き片栗粉でとろみをつけ、仕上げに好みでラー油、ごま油を回し入れ、全体を混ぜる。

POINT

キャベツはできれば芯の部分は使わずに、葉の部分だけを使って手でちぎるとタレが絡みやすくて◎。炒めるときは水を入れると火の通りが早まり、シャキッとした仕上がりに。

甘辛くてコク深い味わいは甜麺醬（テンメンジャン）の真骨頂！

おおたき的

（中華）（メモ）

ホイコーロー（回鍋肉）の由来はゆでたり蒸したりした肉を炒めるなど、一度調理した食材を再び鍋に戻すこと。鍋をぶん回すから回鍋肉ではないんです（笑）。P.74のしょうゆ蒸しチャーシューを使って本格的に作っても！

ユーリンチー

ユーリンチーは鶏もも肉を1枚丸ごと揚げるとボリューミーに仕上がる。
カリカリの衣にしみ込んだタレとの相性が抜群で、泣く子も黙るレベルの美味しさ。

◎材料（2人分）

鶏もも肉…1枚
A｜しょうゆ、酒…各大さじ1
　｜おろしにんにく（またはチューブ）
　｜　…小さじ½
　｜こしょう…少々
　｜溶き卵…1個分
　｜片栗粉…大さじ2
B｜（合わせておく）
　｜おろししょうが（またはチューブ）
　｜　…小さじ1
　｜パセリ（みじん切り）…約3g
　｜しょうゆ、酢…各大さじ3
　｜砂糖…大さじ2
　｜水…大さじ1と½
長ねぎ（みじん切り）…1本分（100g）
レタス…好みで適量

◎作り方

1　ボウルに鶏肉とA（片栗粉以外）を入れ、汁気を吸わせるようにして3～5分もみ込み、片栗粉を加えてなじませる。

2　中華鍋にサラダ油適量（分量外）を入れて160度に熱し、1を8分揚げたらいったん取り出す。2分おいてから、再び180度に熱した油できつね色になるまで揚げて油をきる。

3　2を食べやすく切って器に盛り、Bに長ねぎを加えたタレをかける。好みでレタスを添える。

POINT

揚げたあとに皮目を下にし、下までザクッと切ると衣が崩れずにカットできる。二度揚げが面倒な場合は、約170度の油で10分揚げてもOK。

おおたき的

中華　メモ

みじん切りにした長ねぎから水分が出てしまうので、鶏肉にかける直前にタレに合わせると味がブレずに済む。長ねぎたっぷりの香味ダレにはパセリも加えたので、風味よく爽やかで、揚げた鶏肉がさっぱり食べられちゃう！

カリッとジューシーな衣の中はお肉がしっとり

チーサンセン

"地三鮮"と書くこの料理は、大地からの宝物という意味が込められている。
野菜だけでこのうまさ。食べてみれば納得のお宝レシピであることに気づくだろう。

◎材料（2人分）

じゃがいも… 2〜3個
なす… 2本
ピーマン… 1個
A｜にんにく、しょうが
　　　（ともにみじん切り）…各1かけ分
　　豆豉醤、豆板醤…各小さじ1
B｜（合わせておく）
　　砂糖、しょうゆ、酒、水
　　　…各大さじ1
水溶き片栗粉…小さじ¼（ひとつまみ）
ごま油…少々

◎作り方

1　皮をむいたじゃがいも、なす、ピーマンはひと口大の乱切りにする。耐熱皿にじゃがいもをのせ、ラップをかけずに電子レンジ（500W）で5分加熱する。

2　中華鍋を強火で熱してサラダ油大さじ3（分量外）をなじませ、じゃがいもとなすを中火で5分ほど揚げ焼きにし、全体に軽く焼き色をつける。

3　なすが油を吸って皮が縮んできたら、ピーマンを加えてさっと炒め、油がまわったら全部をいったん取り出す。

4　同じ中華鍋にサラダ油大さじ1（分量外）を入れ、Aを弱火で炒め、香りが立ったらBを加えてなじませる。3を戻し入れ、強火にしてタレを絡ませるようにして炒めたら、水溶き片栗粉でとろみをつけ、仕上げにごま油を回し入れる。

POINT

なすはときどき上下を返す程度であまり動かさないようにし、じっくり油を吸わせること。じゃがいもよりなすに集中して、トロッとした美味しいなすに仕上げよう。

おおたき的

中華　メモ

じゃがいもだけ先にレンジ加熱しておくと、なすと一緒に揚げ焼きしても同時に火が通るのでラクチン。ホクホクのじゃがいも、トロッとしたなす、パリッとしたピーマンの三位一体を楽しむべし。

三種の野菜の食感も最高だし甘辛でやみつきの味

えびチリ

味は本格的だけど、手間をできるだけ省いたミニマムなえびチリです。
友達、家族にも作りたくなる一品をマスターしよう！

◎材料（2人分）

えび（殻付き）…12尾
トマト（角切り）…大½個分（100g）
長ねぎ（みじん切り）…約⅓本分（30g）

A　（えびの下味）
　　酒…小さじ2
　　塩…ひとつまみ
　　こしょう…少々
　　片栗粉…大さじ1

B　おろしにんにく、おろししょうが
　　　（またはチューブ）…各小さじ1
　　豆板醤…小さじ1と½
　　（トウバンジャン）

C　（合わせておく）
　　トマトケチャップ…大さじ2
　　砂糖…大さじ1と½
　　酒…大さじ1
　　顆粒鶏ガラスープの素…小さじ1
　　塩…ひとつまみ
　　こしょう…少々
　　水…60㎖

水溶き片栗粉…小さじ½（ふたつまみ）
酢…小さじ2
ラー油…大さじ1
ごま油…小さじ1

◎作り方

1　えびは殻をむいて背ワタを取り、塩小
　さじ1、片栗粉大さじ1（各分量外）を
　1分ほどもみ込み、流水で洗う。

2　1の水気をふき取り、Aを順にもみ込
　む。中華鍋を強火で熱してサラダ油大
　さじ2（分量外）をなじませ、えびを弱
　火〜中火で両面焼く。8割ほど火が通
　り、赤くなったらいったん取り出す。

3　同じ中華鍋にサラダ油大さじ1と½
　（分量外）を入れ、Bを弱火で炒める。
　香りが立ったらトマトを加え、崩れる
　くらいまで炒めたらCを加える。

4　沸騰したら中火にして2を戻し入れ、
　長ねぎを加え、水溶き片栗粉でとろみ
　をつける。仕上げに酢を鍋肌から入れ、
　ラー油とごま油を回し入れる。強火に
　して周りを焼きつけ、表面に油が浮い
　てきたら火を止める。

POINT

えびは殻付きのものを使う
ことをおすすめする。旨み
が全然違うからね。火を通
しすぎるとかたくなるので
注意して！

濃厚なトマト風味のチリソースがたまらない

おおたき的

メモ

辛さを控えたい場合は豆板醤を減らし、最後に味見して塩で調節しよう。仕上げに強火で焼きつけることで、えびとチリソースがばっちりキマリ、キラキラした油が食欲をそそる味わいに。えびチリ好きの君も唸らせる出来栄え！

中華

麻婆春雨

豆板醬

ご飯の上にのせたときが至福の瞬間。
我を忘れて茶碗を口につけてかき込んでしまうのが正しい食べ方である。

◎材料（2人分）

春雨（乾燥）…50g
万能ねぎ… 3〜4本（20g）
豚ひき肉…100g

A （合わせておく）
　甜麺醤（テンメンジャン）…小さじ 2
　紹興酒（ショウコウシュ）（または酒）…小さじ 1

B にんにく、しょうが（ともにみじん切り）
　　…各 1 かけ分
　赤唐辛子（輪切り）… 1 本分
　豆板醬（トウバンジャン）…大さじ 1

C （合わせておく）
　しょうゆ…大さじ 2
　砂糖、紹興酒（ショウコウシュ）（または酒）…各小さじ 1
　水…150㎖

水溶き片栗粉…小さじ½（ふたつまみ）〜
ごま油…少々

◎作り方

1　春雨は熱湯（分量外）に 5 分ほどつけて
　やわらかく戻し、水気をきる。万能ね
　ぎは小口切りにする。

2　中華鍋を強火で熱してサラダ油大さじ
　1（分量外）をなじませ、豚ひき肉を炒
　める。火が通って軽くパチパチと音が
　してきたらAを加えて炒め、なじんだ
　らいったん取り出す。

3　同じ中華鍋にサラダ油大さじ2（分量
　外）を入れ、Bを弱火で炒める。香り
　が立ったらCを加え、春雨と2を戻し
　入れ、強火にして煮立たせ、春雨に煮
　汁を 1〜2 分吸わせる。

4　ひたひたになったら万能ねぎを加え、
　水溶き片栗粉でとろみをつけ、仕上げ
　にごま油を回し入れる。

POINT

甜麺醤は焦げやすいので、ひき肉と炒めたらいっ
たん取り出すこと。たけのこやにんじんなど、コ
リコリした食感の食材を加えてもまたうまい。

おおたき的

四川料理の「螞蟻上樹」を日本向けに
アレンジしたのが麻婆春雨。春雨は長
ければ半分にカットしてから戻そう。
春雨を煮る時間の長さによって味の濃
さが変わるので、味見してOKだと思
ったら水溶き片栗粉でとろみをつけて。

中華　メモ

酢豚

三種の酸味と二種の甘みが繰り広げる奥深い味と
歯切れのよいバラ肉にやられてしまわぬよう、迎撃用の白飯を用意してほしい。

◎材料（2人分）

豚バラブロック肉…200g
A （肉の下味）
　　しょうゆ、酒…各小さじ1
　　溶き卵…1個分
B 片栗粉…大さじ2
　　薄力粉、水…各大さじ1
C （合わせておく）
　　黒酢…大さじ4
　　砂糖…大さじ3
　　はちみつ、酢、水…各大さじ2
　　中国しょうゆ
　　　…大さじ1（またはしょうゆ大さじ½）
　　レモン汁…小さじ2
水溶き片栗粉…小さじ2
ごま油…少々
長ねぎ（せん切り）…適量

◎作り方

1 豚肉は約2cm幅の拍子木切りにしてボウルに入れ、Aを加える。汁気を吸わせるようにして肉がやわらかくなるまで5分ほどもみ込み、Bを加えて混ぜる。

2 中華鍋にサラダ油適量（分量外）を入れて170度に熱し、1を5分ほど揚げて油をきる。

3 中華鍋の油をあけて汚れをふき取り、Cを入れて強火にかけ、沸騰したら中火にして水溶き片栗粉でとろみをつける。

4 再び強火にして2を戻し入れ、タレが絡んで色濃くなるまで炒めたら、仕上げにごま油を回し入れる。器に盛り、長ねぎをのせる。

POINT

しょうゆ、酒、溶き卵をもみ込むと豚肉がやわらかくなる。時間があればさらに冷蔵庫でひと晩おくと、味がしみ込んで◎。

おおたき的

この黒さは中国しょうゆだから出せる色で、普通の濃口しょうゆを使うとここまでの色は出ない。Cのタレを絡めて炒めると色も濃くなるが、砂糖が多いためボテボテにかたくなってしまう。ほどほどのところで火を止めよう。

中華　メモ

コクうまなタレが絡んだ豚肉が口の中でとろける

家中華に大活躍の常備油

作ってストックしておきたい、常備菜ならぬ常備油。
おかずやご飯にかけるだけで美味しさアップ！

食べるラー油

ご飯、冷奴、サラダ、肉…何にでもかけて！

いつか商品化したいと思うほど
何にかけてもうまいので、
だまされたと思って作ってみて！
きっとあなたの家に常備されることになるはず。

◎材料（作りやすい分量）
玉ねぎ…¼個(50g)
塩昆布…20g
バターピーナッツ…20g
フライドガーリック…20g
干し桜えび…大さじ4(10g)
豆板醤、赤唐辛子(粗びき)…各大さじ1
砂糖、甜麺醤…各小さじ1
サラダ油…200㎖

◎作り方
1 玉ねぎはみじん切りにし、塩昆布とピーナッツは小さく刻む。耐熱ボウルに玉ねぎとサラダ油以外の材料をすべて入れる。

2 中華鍋にサラダ油を入れて玉ねぎを加え、約170度になるまでじっくり熱する(180度を超えると焦げやすくなるので注意)。

3 1のボウルに2を加え、冷めたら保存瓶などに入れる。冷蔵庫で保存し、3か月以内に使い切ること。

口の中に広がる爽やかな香りと
舌がしびれるような刺激的な辛さ。
一度ハマると何にでもかけたくなります。
新しいテーブル調味料にぜひ！

◎材料（作りやすい分量）
花椒…大さじ5(20g)
サラダ油…200㎖

◎作り方
1 花椒はすり鉢などで細かく砕き、耐熱ボウルに入れる。

2 中華鍋にサラダ油を入れ、約175度になるまでじっくり温める(180度を超えると焦げやすくなるので注意)。

3 1のボウルに2を加え、粗熱が取れたらこし、保存瓶などに入れる。常温で保存し、3か月以内に使い切ること。P.36のよだれ鶏やP.92の白麻婆豆腐などにも使用。

花椒油

爽やかでしびれる辛さにハマる人続出！

PART 3

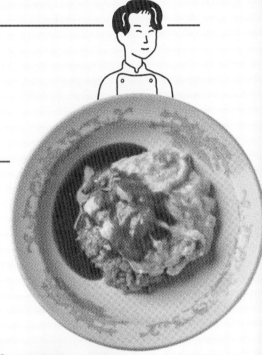

家庭料理を
中華アレンジ

ここで変化球。
よくある家庭料理を中華に
アレンジするレシピを紹介しましょう。
同じ食材でも味つけや調理法でガラリと変身。
いつもの味に飽きたら試してみて！

\ デミグラスソースより満足度が高い!? /

中華的オムライス

オムライスにデミグラスソースは僕からするとちょっと物足りない。
そこで、中華的な味わいの甘酢ソースをかけた新しいオムライスをおすすめしよう。

◎材料（2人分）

ご飯（粗熱をとったもの）…300g
鶏もも肉（2cm角に切ったもの）…½枚分
溶き卵…4個分
A | にんにく（みじん切り）…1かけ分
　　| 玉ねぎ（みじん切り）…¼個分（50g）
　　| にんじん（みじん切り）…⅕本分（30g）
トマトケチャップ…大さじ4
塩…ひとつまみ
黒こしょう…少々
B | （合わせておく）
　　| トマトケチャップ…大さじ3
　　| 砂糖、中濃ソース、水…各大さじ1
　　| 酢…小さじ1
　　| バター（食塩不使用）…10g

POINT

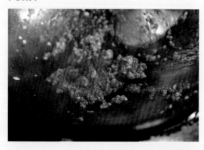

玉ねぎ、にんじんをじっくり炒めることで旨みを
最大に引き出し、さらにケチャップの汁気が飛ぶ
まで炒めることでコクもアップ。

◎作り方

1　中華鍋を強火で熱してサラダ油大さじ1（分量外）をなじませ、弱火で**A**をじっくり炒める。玉ねぎが色づき、香りが立ったら鶏肉を加え、中火にして焦がさないように炒める。

2　鶏肉に火が通ったらケチャップを加え、汁気を飛ばすようにして炒める。ご飯を加え、塩、黒こしょうをふって全体になじませ、器に半量ずつ盛る。

3　中華鍋の汚れをふき取り、再び強火で熱してサラダ油大さじ1（分量外）をなじませる。溶き卵の半分の量を流し、強火で混ぜながら焼き、表面が半熟になったら取り出す。卵をそれぞれ**2**にのせる。

4　同じ中華鍋に**B**を入れて中火にかけ、バターが溶けて少しとろみがつくまで煮詰め、半量ずつ**3**にかける。

おおたき的

中華 メモ

甘酢ケチャップがチキンライスによく合い一気に中華の味に

\ じっくり蒸してふかふか食感に /

中華的ハンバーグ

広東料理は、中華の中でも素材の味を生かしたマイルドな味つけが特徴。
それをハンバーグで表現し、蒸し汁もあんかけにして旨みを凝縮させた一品!

◎材料（2人分）

豚ひき肉…200g
玉ねぎ（みじん切り）…½個分（100g）
牛脂（常温に戻したもの）…16g
　（スーパーでもらえる個包装タイプなら2個）
塩…小さじ½
A　（合わせておく）
　紹興酒（または酒）…大さじ1
　しょうゆ…小さじ2
　砂糖…小さじ1
溶き卵…1個分
パン粉…20g
片栗粉…適量
長ねぎ（みじん切り）…¼本分（25g）
B　（合わせておく）
　オイスターソース、酒…各大さじ1
　しょうゆ…小さじ2
　顆粒鶏ガラスープの素…小さじ1
　塩…ひとつまみ
　水…250ml
水溶き片栗粉…大さじ1〜
ごま油…少々
ブロッコリー…好みで適量

POINT

豚ひき肉に牛脂を混ぜることでジューシーさがアップ。さらに片栗粉でコーティングすると、きれいな焼き色がつき、かつ肉汁を極力閉じ込めることができる。

◎作り方

1　ボウルに豚ひき肉、牛脂、塩を入れ、粘りが出て白っぽくなるまで練る。**A**と溶き卵を加えてよく混ぜたら、玉ねぎとパン粉を加えてさらに混ぜ、2等分にして小判形に整え、片栗粉を薄くまぶす。

2　中華鍋を強火で熱してサラダ油大さじ1（分量外）をなじませ、1を中火〜強火で焼き、両面に焼き色をつける（中まで火を通さない）。耐熱皿にのせ、せいろに入れる。

3　鍋に湯（分量外）を沸かして蒸し板を敷き、2のせいろをのせ、フタをして強火で15分蒸す。

4　2の中華鍋の汚れをふき取り、再び強火で熱してサラダ油小さじ1（分量外）をなじませる。長ねぎを弱火で炒め、香りが立ったら**B**を加え、沸騰したら火を止める。

5　3が蒸し上がったら、皿の中の肉汁を4に加えて混ぜ、中火にかけ、水溶き片栗粉でとろみをつけ、仕上げにごま油を回し入れる。ハンバーグにかけ、好みで一緒に蒸したブロッコリーを添える。仕上げに黒こしょうをふっても味がしまって美味しい。

肉汁ジュワ～ッ! 感動のふかふか食感を味わって!

おおたき的

中華

ハンバーグをじっくり蒸すことで、いつもと違うふかふかの食感に早変わり。蒸して出てきた肉汁も加えたあんが旨みたっぷりなので、あんも余すことなく味わってもらいたい。あんごとご飯にのせて食べるのもおすすめだ。

メモ

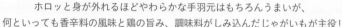

中華的肉じゃが

ホロッと身が外れるほどやわらかな手羽元はもちろんうまいが、
何といっても香辛料の風味と鶏の旨み、調味料がしみ込んだじゃがいもが主役！

◎材料（2人分）

鶏手羽元… 6本
じゃがいも… 3個
さやいんげん… 10本
A ┃ 長ねぎ(青い部分)… 1本分
 ┃ 花椒(ホアジャオ)… 小さじ½
 ┃ 八角… あれば1個
B ┃（合わせておく）
 ┃ しょうゆ… 大さじ4
 ┃ 砂糖、酒… 各大さじ3
 ┃ 水… 800㎖
ごま油… 少々

POINT

煮込む際の火加減は中火でポコポコする程度。煮詰まりすぎたら味見をし、水を足して調節しよう。2日目はやたらじゃがいもに味がしみ込むので、作り置きしておくのもおすすめ。

◎作り方

1 じゃがいもは皮をむいて乱切りにし、水にさらす。いんげんは筋があれば取り、半分の長さに切る。

2 中華鍋に湯(分量外)を沸かし、いんげんを1分ほどゆでて引き上げたら、同じ湯で手羽元を表面の皮が張る程度に1分ほどゆでて引き上げ、それぞれ水気をきる。

3 中華鍋の汚れをふき取り、再び強火で熱してサラダ油大さじ3(分量外)をなじませる。**A**を弱火〜中火で炒め、香りが立ったら手羽元を加えて中火で焼く。手羽元の表面に軽く焼き色がついたら**B**を加えて強火で沸騰させ、フタをして中火で30分煮る。

4 長ねぎ(青い部分)を取り除き、水気をきったじゃがいもを加える。再び強火で沸騰させたら中火にし、じゃがいもをときどき返しながらやわらかくなるまで15〜20分煮る。いんげんを加え、強火にして汁気が1/3程度になるまで煮詰めたら、仕上げにごま油を回し入れる。

味も香りもしみ込んだ新しいタイプの肉じゃが

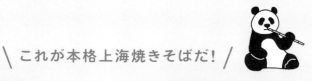

\ これが本格上海焼きそばだ！ /

中華的ソース焼きそば

日本の焼きそばと違うところは、最初に麺を焼き香ばしさをつけることだ。
すると、食感と香りがいつもの焼きそばとは違う味わいに。これ、結構ハマります！

◎材料（1人分）

焼きそば用麺… 1袋(130g)
豚ひき肉…50g
もやし…½袋(100g)
ニラ（5cm長さに切ったもの）
　…½袋分(50g)
紹興酒(または酒)
　…小さじ1
A｜（合わせておく）
　｜中国しょうゆ…大さじ1
　｜　（またはしょうゆ大さじ½）
　｜オイスターソース…小さじ2
　｜砂糖、中濃ソース…各小さじ½
ごま油…少々

◎作り方

1　麺は袋ごと電子レンジ（500W）で30秒加熱し、袋から出し、サラダ油少々（分量外）をまぶしてほぐす。

2　中華鍋を強火で熱してサラダ油大さじ2（分量外）をなじませ、1を入れて中火〜強火で両面に焼き色をつけていったん取り出す。

3　同じ中華鍋にサラダ油大さじ1（分量外）を入れ、豚ひき肉に紹興酒をかけて強火で炒め、火が通って軽くパチパチと音がしてきたらもやしを加える。

4　もやしに火が通ってきたらAと2の麺を加えて全体を混ぜ、ニラを加えてさっと炒め、香りが立ったら仕上げにごま油を回し入れる。

POINT

麺はレンジ加熱してからサラダ油をまぶし、焼き色をつけておくのがポイント。炒める際にしっかりほぐれるし、何より香ばしく美味しく仕上がる。

おおたき的

中華メモ

材料自体がシンプルだからこそ、丁寧に作ることで美味しさが際立つ。といっても炒めるだけなので、とにかく簡単！　麺の香ばしさ、ひき肉の旨み、野菜の食感、どれも最高の味わいなので一度作ってみて。

中国しょうゆが香る黒い焼きそばは濃いめが◎

中華的ナポリタン

中華らしくガッツリとした味つけで、ねっちょり美味しい攻撃的なナポリタンをどうぞ。

◎材料（1人分）

スパゲッティ … 100g

玉ねぎ（薄切り）… ¼個分（50g）

ウインナーソーセージ（斜め薄切り）… 2本分

マッシュルーム（薄切り）… 2個分

ピーマン（細切り）… 1個分

トマト（小さめの角切り）… 大½個分（100g）

A にんにく（みじん切り）… 1かけ分

　　赤唐辛子（そのまま）… 2本

　　豆板醤（トウバンジャン）… 小さじ½

B （合わせておく）

　　トマトケチャップ … 約大さじ7（120g）

　　砂糖 … 大さじ1

　　黒こしょう … 小さじ½

　　うま味調味料 … 小さじ¼

　　バター（食塩不使用）… 5g

モチモチにゆでたパスタ×ほんのり辛めのトマトソースが好相性

◎作り方

1 鍋にたっぷりの湯（分量外）を沸かし、1％の塩（分量外）を加え、スパゲッティを袋の表示時間の1.25倍長くゆでる（ゆで時間7分なら8分45秒）。

2 中華鍋を強火で熱してサラダ油大さじ1（分量外）をなじませ、玉ねぎを中火で炒め、少し透き通ってきたらウインナー、マッシュルーム、ピーマンを加えて火を通し、いったん取り出す。

3 同じ中華鍋にサラダ油大さじ1（分量外）を入れ、**A**を弱火で炒める。香りが立ったらトマトを加え、中火で崩れるまで炒めたら**B**を加える。バターが溶けて全体が温まったら火を止める。

4 1がゆで上がったら湯をきり、2とともに3に加えて強火にかける。全体を炒めながらソースをしっかり絡める。

POINT

スパゲッティは長めにゆでることでもっちりとした食感に。好みで粉チーズをふって食べてね。

おおたき的

普段のナポリタンに物足りなさを感じたときに作ってみてほしい。甘くはないがそこまで辛くもない絶妙のさじ加減。腹ペコなら2倍量で作り、がっついて食べるのが正解!

中華 メモ

\ 味は完全に冷やし中華 /

中華的冷製パスタ

僕はある日、気がついてしまったのです。冷やし中華は中華麺でなくてもいいことに。

◎材料（1人分）

カッペリーニ…60g

トマト（小さめの角切り）…½個分

きゅうり（小さめの角切り）…½本分

アボカド（小さめの角切り）…½個分

梅干し…1個

ホールコーン缶…40g

塩…ふたつまみ

オリーブ油…大さじ1

A 酢、ごま油…各大さじ1

　　砂糖、しょうゆ…各小さじ2

　　顆粒鶏ガラスープの素、黒酢、

　　　みりん…各小さじ1

　　オイスターソース…小さじ¼

◎作り方

1　鍋にたっぷりの湯（分量外）を沸かし、1％の塩（分量外）を加え、カッペリーニを袋の表示時間通りにゆでて冷水にとる。

2　ボウルにトマト、きゅうり、アボカド、種を取ってちぎった梅干し、ホールコーンを入れる。塩をふってオリーブ油をかけ、全体を混ぜる。

3　別のボウルにAを入れて混ぜ、冷水でしめた1の水気をきって加え、絡ませる。器に盛り、2をのせる。

POINT

具材は好きなものをミックスしてもいい。カッペリーニの代わりにそうめんでも美味しく食べられるはず。

さっぱりひんやり！カラフルな具の食感もいろいろで楽しい

おおたき的

中華メモ

カッペリーニを使って冷やし中華を作ってみたら、細長い麺にタレが絡まり、それはそれはうまいという結果に。トリッキーなこのひと皿に感動すること間違いないだろう。

\ さっぱり？ ガッツリ？ その中間を味わえる /

中華的冷奴

食欲がないときでも食べやすく、にんにくとしょうがが食欲をそそる一品。

◎材料（2人分）

絹ごし豆腐…1丁（300g）

A（合わせておく）

　しょうが（みじん切り）…2かけ分

　にんにく（みじん切り）…1かけ分

　赤、黄パプリカ（みじん切り）

　　…合わせて⅛個分

　しょうゆ…小さじ2

　砂糖、酢、黒酢、ごま油

　　…各小さじ1

ラー油…好みで小さじ1

万能ねぎ（小口切り）…少々

◎作り方

1　豆腐は水気をきり、2mm間隔で下まで切り込みを入れる。

2　器に1を盛り、**A**をかける。好みでラー油を垂らし、万能ねぎを散らす。

おおたき的

中華メモ

にんにくとしょうがの風味、やわらかい豆腐とシャキシャキ食感のパプリカの対比もよく、レンゲでどこをすくっても美味しい。最後はぐちゃぐちゃにして食べるのも◎。

POINT

豆腐は薄く等間隔で切り込みを入れることで、すき間にムラなくタレが入り込む。箸ではなく、レンゲですくって食べて！

薄切りの豆腐にタレがよく絡んで口当たりなめらか

\ 中華スタイルは"よく焼き"で！ /

中華的ザーサイの卵焼き

家庭料理を中華アレンジ

香ばしい焼き色をつけるのが中華的卵焼きの特徴だ。ザーサイのアクセントも楽しもう。

◎材料（2人分）

溶き卵… 3個分
味付きザーサイ（スライス）…50g
万能ねぎ（小口切り）… 5本分
A｜塩…ふたつまみ
　｜うま味調味料…ひとつまみ
香菜…好みで適量
（シャンツァイ）

おおたき的

中華 メモ

ザーサイの味が濃いめのものを使う場合は、Aの塩は入れずに調節しよう。また、ザーサイなし、万能ねぎたっぷりにして作っても美味しいのでお好みでどうぞ。

◎作り方

1 ボウルに溶き卵、ザーサイ、万能ねぎ、Aを入れて混ぜる。

2 中華鍋を強火で熱してサラダ油大さじ2（分量外）をなじませ、1を流して強火で混ぜながら焼き、かたまってきたら円形に整える。

3 卵の下にサラダ油をすべり込ませるようにして周りからサラダ油少々（分量外）を入れ、中華鍋をくるくる円を描くように揺らして卵が動く状態にする。

4 焼き色がついてきたらひっくり返し、3と同様にサラダ油少々（分量外）を入れ、裏面にも焼き色をつける。器に盛り、好みで香菜をのせる。

甘くない卵焼きはザーサイの食感と塩気がいい感じ！

POINT

卵を焼くときはおたまでかき混ぜながらが鉄則。鍋を少し揺すって卵を動かしながら焼くと中華鍋にくっつきにくく、きれいに仕上がる。

中華的コーンスープ

洋食のコーンスープとは若干違う味わい。とろりとして満足度の高い一杯だ。

◎材料（2人分）

クリームコーン缶（1缶425gのもの）
　　…½缶
水…400㎖
A｜顆粒鶏ガラスープの素…大さじ1
　｜砂糖、酒…各小さじ1
　｜塩…ひとつまみ
　｜こしょう…少々
水溶き片栗粉…大さじ1
溶き卵…1個分
ホールコーン缶…適量
ごま油…小さじ1

◎作り方

1　中華鍋に水とクリームコーンを入れて強火にかけ、沸騰したらAを加える。

2　中火にして水溶き片栗粉でとろみをつけ、溶き卵をゆっくり糸状に流し入れる。

3　少し火を強め、卵がふんわりしたらホールコーンを加え、仕上げにごま油を回し入れる。

POINT

クリームコーンはメーカーによって甘みが少し違うので、味見して砂糖で調節しよう。

コーンのやさしい甘さとつぶつぶ食感が美味しい

おおたき的

中華メモ

卵はよく溶いておき、ゆっくり糸状に流し入れたあとに火を強めるとふんわり仕上がる。冷蔵庫にある卵とストックしてあるコーン缶で簡単に作れるので、ぜひお試しあれ。

PART 4

お酒がすすむ
おつまみ中華

中華料理はお酒にもよく合います！
辛いもの、甘酸っぱいもの、しょっぱいもの、
それからさっぱりしたものまで、何でも揃ってるよ。
おつまみに一品どうかな？

\ スーパーなんちゃって北京ダック /

鶏皮の甘みそ炒め

むろんアヒルでもなければ、パリパリに仕上げているわけでもない。
しかし味つけは北京ダックと同じです（笑）。侮るなかれ。一切れで酒がすすむ、すすむ！

◎材料（2人分）

鶏皮…400g
A｜（合わせておく）
　　甜麺醤（テンメンジャン）…大さじ1
　　しょうゆ…小さじ2
　　砂糖、酒…各小さじ1
ごま油…少々
万能ねぎ（小口切り）…好みで適量

◎作り方

1　中華鍋に湯（分量外）を沸かし、鶏皮を
　　強火で10分ゆでてザルにあげる。流
　　水で洗いながら余分な毛や脂を取り除
　　き、大きめのひと口大に切る。

2　中華鍋の汚れをふき取り、再び強火で
　　熱してサラダ油大さじ1（分量外）をな
　　じませ、1を中火〜強火で炒める（鶏
　　皮が中華鍋にくっついたら、こそげなが
　　ら炒める）。炒める際、脂が出てきた
　　らボウルに取っておくこと（これがチ
　　ーユと呼ばれる鶏油）。

3　軽く焼き目がついてきたらAを加えて
　　炒め、照りが出たら仕上げにごま油を
　　回し入れる。器に盛り、好みで万能ね
　　ぎを散らす。白髪ねぎやきゅうりの細
　　切り（各分量外）を添えても。

POINT

鶏皮は下処理が重要。熱湯でしっかりゆでたあと
に余分な毛や脂を取り除くことで、臭みがゼロに。
脂っこさや独特のクセも取れ、さっぱり食べやす
くなるぞ。

おおたき的

中華　メモ

北京ダックに比べてコストは1/10な
のに、味は北京ダックと同じ。これさ
えあれば最高の家飲みができることを
約束しよう。作り方2でボウルに取っ
ておいたチーユは、スープや炒め物
に使うと絶品だ。

カリッとした鶏皮に甘いタレが絡んで酒のお供に最適

\ ヘビー級のパンチをきゅうりに宿す /

たたききゅうりのにんにく和え

きゅうりの和え物は数あれど、こいつをつまみにちびちび飲むのがいいんすよ。

◎材料（2人分）

きゅうり… 2本
にんにく（みじん切り）… 2かけ分
A｜（合わせておく）
　　　ごま油…大さじ1
　　　砂糖、しょうゆ、黒酢…各小さじ1
塩…小さじ½

POINT

きゅうりはたたくと断面がギザギザになり、調味料が絡みやすい。さらに塩をふって少しおいておくことで、青臭みや余計な水分が抜けるので、味がボヤけることもないのだ。

◎作り方

1　きゅうりは包丁の腹を当て、つぶすようにたたいてからひと口大の斜め切りにし、塩小さじ½をまぶして5分おく。

2　1の水分を絞って**A**に加え、にんにくも加えて混ぜる。

にんにくとごま油の風味、ポリポリ食感がやみつきに

おおたき的

中華　メモ

たたききゅうりは中華のこの味が最強なので、これを食べたらいつもの味には戻れない可能性が!? にんにく風味がスゴイけど、そんなの気にしている暇ないくらい美味しい。

\ 夏の夜に食べたい最高のアテ /

ピリ辛鶏の和え物

この辛さがたまらなくうまい。蒸し鶏を作り置きしておけばさっと作れてしまいます！

◎材料（2人分）

蒸し鶏（P.16参照）… 1枚分
きゅうり… 1本
玉ねぎ… ½個（100g）
A　（合わせておく）
　しょうが（みじん切り）… 3かけ分
　しょうゆ、ごま油…各大さじ1
　豆板醤、酢…各小さじ2
　トウバンジャン
　砂糖…小さじ1

◎作り方

1　きゅうりは1cm幅に切り、塩小さじ½（分量外）をまぶして10分ほどおく。

2　玉ねぎは薄切りにする。蒸し鶏はひと口大の乱切りにする。

3　1の水分を絞ってAに加え、2も加えて混ぜる。

POINT

玉ねぎの辛さが苦手であれば、薄切りにしたあとボウルに入れ、水適量と酢小さじ2を加えて10分ほどおくと、辛みがかなり和らぐ。使うときは水分をよくきってね。

ピリッと辛うま！さながら鶏キムチといった感じの味わい

おおたき的

中華 メモ

豆板醤としょうががきいたタレが絡んだ蒸し鶏、やや辛みの残る玉ねぎ、ポリポリと小気味よい食感のきゅうり。この三種のコンボにたまらずビールを流し込みたくなる一品。

\ 新しい調理法を提案。蒸してみろ! /

しょうゆ蒸しチャーシュー

煮豚でも焼き豚でもない、蒸しチャーシューだ。紹興酒(ショウコウシュ)をくっと飲みたくなる味!

◎材料（2人分）

豚バラブロック肉…300〜400g
塩…適量
しょうゆ…小さじ1
にんにく（包丁の腹でつぶしたもの）
　…2かけ分
長ねぎ（青い部分）…1本分
パセリ…好みで適量

POINT

しょうゆをぬって焼くことで香ばしさと風味をプラス。蒸し時間が長いため、鍋の湯を足しながら空焚きにならないよう注意しよう。冷蔵庫で保存した場合は、レンジで温め直しを。

◎作り方

1　豚肉は全体に塩をふり、30分おいて常温に戻す（ムラなく火を通すためと、塩で肉の旨みを引き出すため）。全体にしょうゆをぬる。

2　中華鍋を強火で熱してサラダ油大さじ1（分量外）をなじませ、1を焼き、全面に軽く焼き色をつける（中まで火を通さない）。耐熱皿にのせ、上ににんにくと長ねぎ（青い部分）をのせてせいろに入れる。

3　鍋に湯（分量外）を沸かして蒸し板を敷き、2のせいろをのせ、フタをして中火で1時間蒸す。にんにくと長ねぎ（青い部分）を取り除き、粗熱が取れたら豚肉を薄く切り、好みでパセリを添える。

豚肉の美味しさが存分に引き出され、薄味なのにこんなにうまい!

おおたき的

中華メモ 蒸して仕上げるチャーシューは、旨みが凝縮された味わい。P.42のホイコーローやP.75のウンパイルーをこのチャーシューで作ると、さらに本格的になっておすすめ。

\ 手軽にアレンジして本格派への最短距離 /

ウンパイルー

豚肉は薄切りで、タレは五香粉を加えて。少ない材料でウンパイルー（雲白肉）を再現。

◎材料（2人分）

豚バラ薄切り肉…150g
きゅうり…1本
A｜にんにく（包丁の腹でつぶしたもの）
　　　…2かけ分
　｜しょうゆ…50g（大さじ3弱）
　｜紹興酒（または酒）…50ml
　｜砂糖…大さじ5強（50g）
　｜酢…小さじ2
　｜五香粉…小さじ½
ラー油…適量

POINT

作り方2のタレは煮詰めすぎるとかたくなるので、タラ～ッと垂れるくらいのとろみがよい。冷蔵庫で3か月保存でき、使い道いろいろ。P.16の蒸し鶏にかけて食べても。

◎作り方

1　きゅうりはピーラーで縦に薄切りにする。豚肉は食べやすい長さに切る。

2　フライパンにAを入れて弱火にかけ、混ぜながらとろみがつくまで煮詰めてタレを作る（中華鍋で作ると焦げやすいため、フッ素樹脂加工のフライパンが◎）。

3　中華鍋に湯（分量外）を沸かして豚肉をさっとゆで、水にとって水気をきる。器に盛り、2のタレをにんにくを取り除いてかけ、きゅうりをくるくる巻いてのせる。仕上げにラー油を回しかける。

スパイスがふわっと香る甘いタレが豚肉ときゅうりにマッチ

おおたき的

中華メモ

本来はブロック肉を使い、さまざまな香辛料を加えて作るのだが、これでも十分本格的な味に仕上がる。豚肉はゆでたあと水にとるが、ほんのり温かいくらいが美味しいよ。

\ 映画1本分の時間で極上の一品が完成 /

蒸し角煮

蒸して旨みを閉じ込め、とことんやわらかく仕上げた角煮。
スマホで好きな映画でも流しながら仕込めば、見終わる頃にはごちそうが待ってるよ!

◎材料（2人分）

豚バラブロック肉…300〜400g
塩…適量
しょうゆ…小さじ1

A（合わせておく）
　赤唐辛子（そのまま）…2本
　しょうゆ、みりん…各大さじ2
　砂糖…大さじ1と½
　オイスターソース…大さじ1
　花椒（ホアジャオ）…小さじ1

B　にんにく（包丁の腹でつぶしたもの）
　　…2かけ分
　しょうが（薄切り）…3枚
　長ねぎ（青い部分）…1本分

水溶き片栗粉…小さじ½
ごま油…少々
チンゲン菜…好みで適量

POINT

ポリ袋に豚肉、香味野菜、タレを入れたら空気を
抜いて口を結び、袋ごと蒸すこと。2時間も火に
かけるので、大きめの鍋にたっぷり湯を入れて蒸
し、途中で湯を足しながら空焚きにならないよう
注意して。

◎作り方

1　豚肉は全体に塩をふり、30分おいて常温に戻す（ムラなく火を通すためと、塩で肉の旨みを引き出すため）。全体にしょうゆをぬる。

2　中華鍋を強火で熱してサラダ油大さじ1（分量外）をなじませ、1の全面に軽く焼き色をつけて取り出す（中まで火を通さない）。

3　同じ中華鍋にAを入れ、強火で沸騰させてタレを作る。耐熱性のポリ袋に2の豚肉、B、Aのタレを入れ、空気を抜いて口を結んだら、耐熱皿にのせてせいろに入れる。

4　鍋に湯（分量外）を沸かして蒸し板を敷き、3のせいろをのせ、フタをして中火で2時間蒸す。豚肉をポリ袋から取り出し、食べやすく切って器に盛る。

5　ポリ袋に残ったタレをこして3の中華鍋で沸騰させ、水溶き片栗粉でとろみをつけ、仕上げにごま油を回し入れる。4にかけ、好みで一緒に蒸したチンゲン菜を添える。

なんてやわらか! 豚バラ肉がとろけるほどの美味しさ

おおたき的

ブロック肉は長時間火を入れることでやわらかく仕上がるけど、長く煮たりすると旨みが抜け出てしまうので、蒸すのがベスト。蒸し終わってからそのまま1日ほど冷蔵庫におくと、味がよくしみ込むので余裕があればぜひ。

中華

メモ

卵とえび炒め

シンプルな味つけながらも卵とえびの旨みが堪能でき、日本酒と合わせてもOK。

◎材料（2人分）

むきえび… 6尾
溶き卵… 3個分
長ねぎ（みじん切り）… ⅕本分（20g）
塩、うま味調味料…各小さじ¼

POINT

えびは塩と片栗粉をもみ込むことで臭みが取れて◎。卵をトロッと半熟に、えびをプリプリに仕上げるためには、先にえびを下ゆでしておくとよい。

◎作り方

1 ボウルに溶き卵、長ねぎ、塩、うま味調味料を入れて混ぜる。

2 えびは塩小さじ1、片栗粉大さじ1（各分量外）をよくもみ込み、流水で洗う。

3 中華鍋に湯（分量外）を沸かし、2を1分ほどゆで、1に加えて混ぜる。

4 中華鍋の汚れをふき取り、再び強火で熱してサラダ油大さじ2（分量外）をなじませ、3を流して混ぜながら炒める。卵がかたまってきたら、中華鍋を軽く振って折りたたむようにして形を整え、8割程度まで火を通す。

おおたき的

中華 メモ

トロッとした卵とえびを一緒にレンゲですくって頬張りたい一品。むきえびを使えば、さっと作れておつまみにもちょうどいい。殻付きのえびを使えばさらに美味しさアップ！

ふんわり卵とプリプリえびによる美味しいコラボ

手羽先のクミン炒め

食欲を増進させてくれる料理といえばカレーだが、このレシピも負けてはいないぞ！

◎材料（2人分）

鶏手羽先… 6 本

A　塩…適量（鶏手羽先の重量の 1 ％）
　　クミンパウダー、オイスターソース、
　　　白炒りごま…各大さじ 1
　　しょうゆ、紹興酒（または酒）
　　　…各小さじ 1
　　おろしにんにく（またはチューブ）
　　　…小さじ½

レモン…好みで適量

POINT

手羽先は骨があって火が通り
にくいので、フタをしてじっ
くり焼くこと。火が通ってい
るか不安な場合は、焼き上が
りに骨と身の間に包丁を入れ
て開いてみよう。

◎作り方

1　ポリ袋に手羽先とAを入れてもみ込み、
　30分以上おく。

2　中華鍋を強火で熱してサラダ油大さじ
　2 〜 3（分量外）をなじませ、1 を入れ
　る。フタをして弱火〜中火で 5 〜 6 分、
　焦げないように途中で中華鍋を揺らし
　て手羽先を回しながら焼く。

3　ひっくり返して裏面も同様に 5 〜 6 分
　焼く。両面に焼き色がついたら器に盛
　り、好みでレモンを添える。

手で持って食べて、指までしゃぶりたくなるうまさ

おおたき的

中華　メモ　クミンはカレーに入っているスパイ
スで、中華料理では牛肉や鶏肉を調
味するのだが、手羽先との相性が非
常によいのだ。これを使えば、スパ
イシーで食欲をそそること請け合い。

たけのこの青のり揚げ

思わずパクパク食べてしまう一品。揚げながらつまんでしまいそう！

◎材料（2人分）

たけのこ（水煮）…200g
しょうゆ…小さじ1
青のり…大さじ1
塩…ふたつまみ〜

POINT

たけのこ（水煮）はそのまま調理できるけど、下ゆでするとアクが抜けて美味しくなるので試してみて。さらに揚げる前にしょうゆを絡めるのが、色よく香りよく仕上げるポイント。

◎作り方

1　たけのこは乱切りにする。

2　中華鍋に湯（分量外）を沸かし、たけのこを2〜3分ゆでたらザルにあげ、流水で洗う。水気をきり、しょうゆを絡める。

3　中華鍋の汚れをふき取り、サラダ油適量（分量外）を入れて180度に熱し、2を4〜5分、カラッと表面が色づくまで揚げる。油をきり、全体に青のりと塩をまぶす。

青のりの風味と塩気、カリッとホクホクのたけのこが最高

おおたき的

ポテトチップスにのり塩が合うなら、たけのこだって！と作ってみたら大成功。ポテチより食べ応えがあっておつまみにもピッタリ。青のりはたっぷりまぶすと美味しいよ。

中華 メモ

\ 酒に合う中華料理屋の青菜炒めだ！ /

チンゲン菜の唐辛子炒め

ただのチンゲン菜がごちそうに変わり、さらに酒がすすむことをお約束いたします！

◎材料（2人分）

チンゲン菜… 1袋(250g)

A にんにく（薄切り）… 2かけ分
　　干し桜えび…小さじ2
　　赤唐辛子（そのまま）… 5本

B （合わせておく）
　　紹興酒(ショウコウシュ)…大さじ2
　　塩…小さじ¼
　　うま味調味料…ひとつまみ

POINT

チンゲン菜の茎はかたいので、下ゆでしておくとムラなく火が通る。ゆでる際は湯に油を少し加えると、まるで油通ししたみたいに発色がよくなるのでおすすめ。

◎作り方

1　チンゲン菜は葉と茎に分け、茎は縦8等分のくし形に切り、葉はざく切りにする。

2　中華鍋に湯（分量外）を沸かし、サラダ油大さじ1と塩少々(各分量外)を加え、チンゲン菜の茎を20～30秒ゆでてザルにあげ、温かい茎の上に葉をのせておく。

3　中華鍋の汚れをふき取り、再び強火で熱してサラダ油大さじ1（分量外）をなじませ、**A**を弱火で炒める。赤唐辛子がうっすら黒くなってきたら**2**の茎と葉、**B**を加えて強火で炒め、全体にツヤが出て葉がしんなりしたら火を止める。

干しえびの旨み満点で歯応えも感じられるチンゲン菜が◎

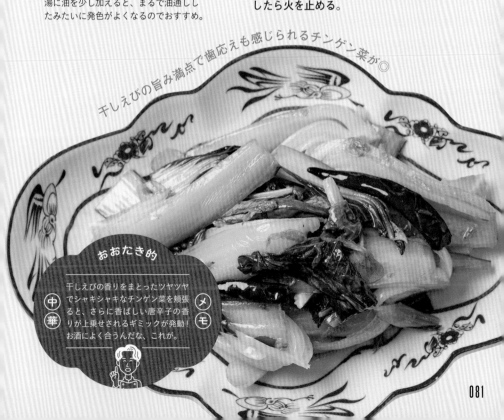

干しえびの香りをまとったツヤツヤでシャキシャキなチンゲン菜を頬張ると、さらに香ばしい唐辛子の香りが上乗せされるギミックが発動！お酒によく合うんだな、これが。

おおたき的

中華 メモ

酔っぱらいえび

肉厚な赤えびに爽やかな紹興酒（ショウコウシュ）ベースのタレがしみ込み、贅沢な味わい。

◎材料（2人分）

赤えび（有頭、生食用）… 4尾
レモン（輪切り）… 4切れ
花椒（ホアジャオ）… 10粒
黒こしょう（ホール）… 5粒
A（合わせておく）
　砂糖… 大さじ2強（20g）
　しょうゆ… 85g（97㎖）
　紹興酒… 60㎖
　水… 100㎖
青じそ… 好みで適量

POINT

生食可能なえびであれば何でも
OK。いかの刺身なんかを漬け込
んでも美味しいと思う（やったこ
とないけど、きっと
うまいはず）。

◎作り方

1　えびはキッチンバサミで足とヒゲ、ツノを
切り落とし、殻付きのまま背中に切り込み
を入れ、背ワタを取る。塩小さじ1、片
栗粉大さじ2（各分量外）でやさしくもみ込
み、流水で洗う。

2　バットに1の水気をきって並べ、えびにレ
モン、花椒、黒こしょうをのせ、**A**をかけ、
ラップをかけて冷蔵庫で1日おく。

3　器に好みで青じそと2のレモンを敷き、え
びを盛り、漬け汁をかける。

お祝いの席にもピッタリの香り高く豪華なおつまみ

おおたき的

（中華）えびを口に運べばそこは桃源郷、一
瞬で食べ尽くすうまさです。とりあ
えずえびの頭をおしゃぶりのように
吸うまでがセット（笑）。一緒に紹興
酒を合わせるのも粋な食べ方だ。（メモ）

あさりの酒蒸し

日本酒で作る酒蒸しとはひと味違う、紹興酒の香りをまとったビターなあさりの酒蒸しだ。

◎材料（2人分）

あさり…300g
香菜（シャンツァイ）…適量
紹興酒、水…各50mℓ
塩…好みで少々

POINT

紹興酒を多く使うため、中華鍋で作ると少し焦げたような苦みが入る場合が。ここではフッ素樹脂加工の鍋を使うことをおすすめする。

◎作り方

1 あさりは濃度3％のヒタヒタの塩水（分量外）につけてアルミホイルをかぶせて暗くして2時間おいて砂抜きする。流水で殻をこすり合わせて洗い、水気をきる。香菜は2cmの長さに切る。

2 鍋にあさり、紹興酒、水を入れて弱火にかけ、フタをして4〜5分蒸し焼きにする。あさりの口が開いたら取り出して器に盛る。

3 残った蒸し汁を煮詰め、味をみて好みで塩で調える。2にかけ、香菜をのせる。

紹興酒で蒸して香菜と食べれば一気に中華の味わい

おおたき的

中華 メモ

あさりに香菜をちょこんとのせ、キンキンに冷えた白ワインを合わせたら優勝。もちろん紹興酒との相性も最高だ。大人の味わいが楽しめるぞ。味が薄ければ、塩で調節して。

\ どこか懐かしい、無限中華ナムル /

野菜三種の和え物

三種類の食材の細切りを合わせた、中華版ナムルのようなもの。無限に食べられるよ。

◎材料（2人分）

にんじん…大½本（100g）
きゅうり…1本
きくらげ（戻したもの）…60g（6～7枚分）
A　（合わせておく）
　　しょうゆ、黒酢（または酢）
　　　…各大さじ1
　　砂糖、ごま油…各小さじ2
　　からし…小さじ1

◎作り方

1　にんじんは皮をむき、きゅうりととも
　　に細切りにして合わせ、塩小さじ½（分
　　量外）を軽くもみ込み、10分おく。

2　きくらげは石づきを取って細切りにし、
　　中華鍋に湯（分量外）を沸かしてさっと
　　ゆでる。

3　1の水分を絞り、2の水気をきり、A
　　を加えて混ぜる。

POINT

にんじん、きゅうりは
塩をもみ込むと水分が
出てくる。これを絞る
と食感がよくなり、味
も絡んで食べやすくな
る。春雨やハムなどを
入れてアレンジして
もOK。

さっぱり食べやすくお酒にもご飯にも合う一品

おおたき的

中華

バンサンスー（伴三絲）と呼ばれ、組
み合わせは無数にあるが、僕はこの
三種が特に好きだ。食感に個性があ
り、食べ飽きることを知らない。食
卓に一品あると嬉しい副菜。

メモ

\ 残ったら弁当に忍び込ませて /

シュウマイ

手軽な材料で作れるのに、あの横浜名物"シウマイ弁当"といい勝負のクオリティ！

◎材料（約25個分）

豚ひき肉…200g
干ししいたけ（戻したもの）… 2〜3枚
玉ねぎ…½個（100g）
片栗粉…大さじ1
A｜砂糖…小さじ2
　｜塩…小さじ1
　｜うま味調味料、おろししょうが
　｜　（またはチューブ）…各小さじ½
溶き卵…1個分
酒…小さじ2
シュウマイの皮…約25枚
レタス…適量

POINT

干ししいたけは水分をよく絞ることで味のブレがなくなる。玉ねぎは片栗粉をまぶしておくことでシャキシャキ感をキープ。シュウマイの皮は角を切り落とすと具が包みやすいぞ。

◎作り方

1　干ししいたけは水分をよく絞ってみじん切りにする。玉ねぎはみじん切りにして片栗粉をまぶす。

2　ボウルにひき肉、A、干ししいたけを入れて少し粘りが出るまでよく練る。溶き卵と酒を加え、さらによく練ったら、玉ねぎを加えてつぶさないように全体をさっくり混ぜる（夏場は冷蔵庫で少し冷やすと◎）。

3　シュウマイの皮は角を切り落として八角形にし、2をたっぷりのせて包み、好みでレタスを敷いたせいろに入れる。

4　鍋に湯（分量外）を沸かして蒸し板を敷き、3のせいろをのせ、フタをして強火で10分蒸す。好みでしょうゆとからし（各分量外）をつけて食べても。

旨みたっぷりでジューシー。レタスと一緒に食べても！

おおたき的

中華 メモ

ふっくらジューシーな最強シュウマイ。蒸したてをいただく至福のために、ビールをしっかり冷やしておくことを忘れずに。蒸したシュウマイは残ったら冷凍保存もOK。

\ 見た目ほど辛くない、いい香りのするチキン /

ラーズーチー

見た目に度肝を抜かれるこの料理。実際はピリ辛くらいの味わいで、大変酒がすすむぞ。

◎材料（2人分）

鶏もも肉…1枚

A しょうゆ、酒…各小さじ2
　顆粒鶏ガラスープの素、
　　おろしにんにく（またはチューブ）
　　　…各小さじ½
　溶き卵…1個分

B 長ねぎ（みじん切り）…½本分（50g）
　赤唐辛子（そのまま）
　　　…ひとつかみ（30g）
　花椒（ホアジャオ）…小さじ2

片栗粉…大さじ3
塩…小さじ¼
酢…小さじ2

◎作り方

1　鶏肉は8等分に切ってボウルに入れ、Aを加えてよくもみ込み、全体に片栗粉をまぶす。

2　中華鍋にサラダ油適量（分量外）を入れて170度に熱し、1を5分ほど揚げたらいったん取り出す。

3　残ったサラダ油もいったん取り出してから大さじ4ほど戻し入れ、弱火でBを炒める。香りが立って赤唐辛子がうっすら黒くなってきたら2を戻し、中華鍋を軽く振るようにして全体に油をまわす。

4　塩をふり、仕上げに鍋肌から酢を回し入れる。

POINT

鶏肉に下味をつける際、溶き卵も一緒にもみ込むと水分を吸ってやわらかく仕上がる。

赤唐辛子はうっすら黒くなる程度に炒めること。黒くなるほどに辛みが増すよ。

唐辛子と花椒で風味抜群の鶏肉がカリッとジューシー

おおたき的

中華 メモ

赤唐辛子の香りがしっかりついた鶏肉料理。通常は唐辛子を避けて食べるのであまり辛くはないが、ほどよく火が入った唐辛子はカリッと香ばしく美味しいので、猛者は唐辛子までバリバリ食べよう。そして翌日トイレで泣こう。

香菜と干豆腐の和え物

香菜（タイ語でパクチー）嫌いでも食べちゃう？ シンプルな上に箸が止まらない美味しさ！

◎材料（2人分）

冷凍干豆腐（細切りのもの）…100g

香菜…1袋(25g)

A｜ごま油…大さじ2

　｜酢…小さじ½

　｜塩、うま味調味料、

　｜おろしにんにく

　｜（またはチューブ）…各小さじ¼

おおたき的

中華 低糖質、高タンパクで食べ応えがあり、ダイエット食材としても人気の干豆腐。使い道いろいろで、P.97の干豆腐とキャベツの和え物、P.108の干豆腐と春菊炒めも要チェックだ。 **メモ**

◎作り方

1 中華鍋に湯を沸かし、干豆腐を凍ったまま5分ほどゆでたら、水にとって洗い、水気をよくきる。

2 香菜は葉と茎に分け、茎は2cmの長さに切り、葉はざく切りにする。

3 ボウルに1、2、Aを入れて混ぜる。

POINT

業務用スーパーなどで手に入る干豆腐は、中国ではポピュラーな食べ物で、乾燥させた豆腐のことをいう。シートタイプを買った場合は5mm〜1cm幅の細切りにして使おう。

ほのかな豆の香りとクセのある香菜がベストマッチ

中国の"クセつよ"漬け物。だがそれがいい

大根とにんじんの漬け物

ピリッとしびれる辛さ、ふわっと華やかな香りが甘酢とともに大根とにんじんにしみ渡る。

◎材料（2人分）

大根…⅕本（200g）
にんじん…大1本（200g）
赤唐辛子（輪切り）…小さじ½
花椒（ホアジャオ）…小さじ1
八角…あれば1個
A｜（合わせておく）
　｜しょうゆ…大さじ5
　｜砂糖…大さじ3
　｜紹興酒、酢…各大さじ2
　｜水…200㎖

◎作り方

1　大根とにんじんは皮をむいて1cm幅の拍子
　木切りにし、塩小さじ1（分量外）をまぶし
　て30分おき、出てきた水分を軽く絞る。

2　バットに1を並べ、大根とにんじんに赤唐
　辛子、花椒、あれば八角をのせ、Aをかけ、
　ラップをかけて冷蔵庫でひと晩おく。

POINT

2日ほど漬け込むとしっかり味も香辛料もきいてくる。冷蔵庫で1週間ほど保存できるので、常備しておきたい一品。八角は香りが華やかなので、あればぜひ入れてほしい。

スパイシーな甘酢がきいたポリポリ食感の野菜スティック

おおたき的

中華メモ

ひと口食べると、ピリッと香辛料のきいた漬け物に『ん？』と違和感を覚えるかもしれない。それが二口目には『あれ？』っとなり、三口目にはもう『あり！』に変わるはずだ。

絶品！アジアンスイーツ

中華料理屋で人気のスイーツ2品を紹介しよう。
家庭で作りやすいようアレンジしたので試してみて！

なんちゃって杏仁豆腐だけど、なかなかですよ！

杏仁豆腐の味の決め手となる「杏仁霜」。
これの代わりに似た風味の
アーモンドエッセンスを使ってみたら、
全然あり！これはうまいっす！

◎材料（2～3人分）
牛乳…330㎖
生クリーム…100㎖
砂糖…50g
アーモンドエッセンス…8～10ふり
粉ゼラチン…7g
A｜砂糖…30g
　｜水…60㎖
　｜レモン汁…適量
クコの実…あれば適量

◎作り方
1 水70㎖（分量外）に粉ゼラチンをふり入れ、ふやかす。

2 鍋に牛乳と砂糖を入れて弱火～中火にかけ、沸騰直前まで温めたらボウルに移し、1を加えて溶かす。アーモンドエッセンスと生クリームを加えて混ぜ、バットなどに入れて冷蔵庫で冷やしかためる。

3 2をスプーンですくって器に盛り、Aを混ぜたシロップをかけ、あればクコの実をのせる。

バナナにチョコを挟んだ春巻き。
パリパリの皮にねっとりとしたバナナ、
濃厚なチョコのコントラストが最高。
バニラアイスをディップして食べて！

◎材料（4本分）
バナナ…2本
板チョコレート（1列分ずつ割ったもの）…4切れ
春巻きの皮…4枚
薄力粉…適量
バニラアイスクリーム…適量

◎作り方
1 薄力粉に倍量の水（分量外）を加え、溶き混ぜる。バナナは横半分に切り、さらに縦半分に切る。

2 春巻きの皮をひし形に置き、手前にバナナ1切れを横にしてのせ、その上に板チョコ1切れをのせ、バナナをもう1切れのせて挟む。くるくると巻き、途中で両端を内側に折り込み、巻き終わりに1の水溶き薄力粉をぬって留める。同様にして残りの3本を巻く。

3 中華鍋にサラダ油適量（分量外）を入れて170度に温め、2をきつね色になるまで揚げて油をきる。斜め半分に切って器に盛り、バニラアイスを添える。

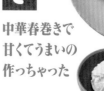

中華春巻きで甘くてうまいの作っちゃった

PART 5

名もなき中華で
余り物を使い切れ

冷蔵庫にある余り物で
ちゃちゃっと作れるレシピをご紹介！
名の知れたメニューじゃなくたって、
どんな食材を使ったって、
これはもう立派な中華なのです。

辛くなくても、ちゃんとおかず！

白麻婆豆腐

豆腐とちょっとのひき肉くらいしか冷蔵庫にないけどご飯がすすむものを作りたい。
そんなときはこれ！ いつもの辛い麻婆豆腐より手間なくパパッとできちゃいます。

◎材料（2人分）

絹ごし豆腐… 1丁（300g）
豚ひき肉…100g
A にんにく、しょうが（ともにみじん切り）
　　…各1かけ分
B （合わせておく）
　　顆粒鶏ガラスープの素、酒
　　　…各小さじ1
　　塩…小さじ½
　　水…150mℓ
水溶き片栗粉…小さじ2〜
花椒油（P.54参照、あれば）…小さじ1〜
ごま油…少量
万能ねぎ（小口切り）…好みで適量

◎作り方

1　豆腐はさいの目切りにする。

2　中華鍋を強火で熱してサラダ油大さじ1（分量外）をなじませ、ひき肉を炒める。火が通って軽くパチパチと音がしてきたら、火を弱めて**A**を加え、香りが立つまで炒める。

3　**B**を加え、**1**を軽く水気をきって加えたら強火にし、沸騰したら中火にして豆腐の頭が出るほどヒタヒタになるまで2〜3分煮る。

4　味見をし、ちょうどよければ水溶き片栗粉でとろみをつける（薄ければもう少し煮詰める）。仕上げに花椒油とごま油を鍋肌から回し入れ、強火にして周りを焼きつける。器に盛り、好みで万能ねぎをのせる。

POINT

豆腐は下ゆでしたり、水きりしたりしなくてOK。切って加えて煮るだけ。

かき混ぜる際はおたまを押す！ 引くと豆腐が崩れるので、押すのを繰り返して。とろみの目安はおたまで押したときに道ができる程度。

辛くない分、風味や旨みがしっかり感じられてやさしい味わい

おおたき的

中 華

麻婆豆腐といえばガツンと辛い味つけだが、作るのがめんどいときはとりあえずこれで正解。地味な見た目にインパクトこそないが、しっかりご飯がすむおかずになるぞ。仕上げに花椒油を回しかけると香りがアップ。

メ モ

卵とレタス炒め

すぐに作れて意外と食べ応えあり。もう冷蔵庫にレタスが余ることはなくなるかも!?

◎材料（2人分）

レタス… 4枚（120g）
溶き卵… 3個分
A 塩、うま味調味料…各小さじ¼
　　こしょう…少々

POINT

レタスは軽くしんなりする程度に炒めればOK。卵は8割ほど火を通すイメージでふんわり炒めたらいったん取り出し、ほぐしてから戻し入れるとレタスとも絡みやすいよ。

◎作り方

1　レタスは食べやすい大きさに手でちぎる。溶き卵に**A**を加えて混ぜる。

2　中華鍋を強火で熱してサラダ油大さじ1（分量外）をなじませ、卵液を流してさっと炒め、いったん取り出す。

3　同じ中華鍋にサラダ油大さじ1（分量外）を入れ、レタスを中火〜強火で炒める。しんなりしたら、**2**を3〜4等分にほぐしながら戻し入れ、全体をさっと混ぜる。

ふわふわ卵×シャキシャキレタス。食感の妙を楽しんで

おおたき的

食材二つ、調味料二つで作れるめちゃ簡単な中華おかず。冷蔵庫の奥のしなびたレタスも炒めておいしく復活。ただし炒めすぎには注意して！卵とレタスの地味タッグをぜひ。

中華　メモ

\ 二食材を炒めただけでうまい一品に /

にんにくの芽とひき肉炒め

冷凍庫のにんにくの芽、冷蔵庫のひき肉を炒めただけなのにこんなに美味しいなんて！

◎材料（2人分）

豚ひき肉…120g
冷凍にんにくの芽…100g
赤唐辛子（そのまま）…3本
A　（合わせておく）
　　豆豉醤（トウチジャン）…大さじ1
　　砂糖、しょうゆ、水…各小さじ1
ごま油…少々

POINT

にんにくの芽は業務用スーパーなどで購入可能。ちょい足しでいろいろな料理に使えるので、冷凍庫にストックしておくと便利。

◎作り方

1　中華鍋を強火で熱してサラダ油大さじ1（分量外）をなじませ、赤唐辛子を弱火で焦がさないように炒める。

2　香りが立ったらひき肉を加えて強火で炒め、火が通って軽くパチパチと音がしてきたら、にんにくの芽を凍ったまま加えて炒める。

3　にんにくの芽が解凍されて火が通ったらAを加えて炒め、全体になじんだら仕上げにごま油を回し入れる。

旨みと塩気のある豆豉醤で味つけした、食欲をそそる系おかず

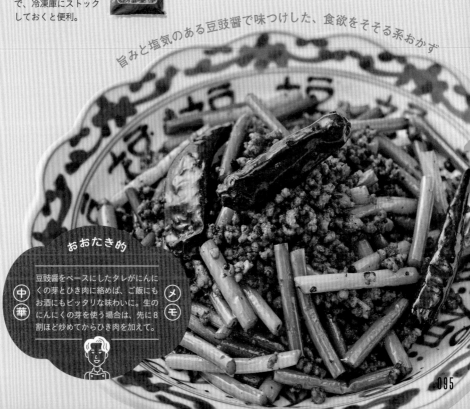

おおたき的

中華　メモ

豆豉醤をベースにしたタレがにんにくの芽とひき肉に絡めば、ご飯にもお酒にもピッタリな味わいに。生のにんにくの芽を使う場合は、先に8割ほど炒めてからひき肉を加えて。

\ 肉とキャベツがあればごちそうだろ！ /

キャベツの酢炒め

炒めることで角が取れた酢の酸味が豚肉とキャベツを包み込み、食欲がかき立てられる！

◎材料（2人分）

豚こま切れ肉…100g
キャベツ（やわらかい葉の部分）
　…4枚（200g）
にんにく（薄切り）…1かけ分
A　（合わせておく）
　黒酢…大さじ2
　砂糖…大さじ1と½
　しょうゆ…大さじ1
水溶き片栗粉…小さじ¼（ひとつまみ）
ごま油…少々

◎作り方

1　キャベツは手で大きめのひと口大にちぎる。

2　中華鍋を強火で熱してサラダ油大さじ2（分量外）をなじませ、にんにくを弱火で炒める。香りが立ったら豚肉を加えて強火で炒め、肉に8割ほど火が通ったら1を加える。

3　キャベツに油が回ったらAを加えて炒める。キャベツがくたっとしたら水溶き片栗粉でとろみをつけ、仕上げにごま油を回し入れる。

酸味がさっぱり、でもこってり。このさじ加減がうまい

POINT

キャベツはやわらかい葉の部分を使い、手でちぎると調味料が絡みやすいぞ。芯のかたい部分を使う場合は薄切りにしよう。

おおたき的

中華メモ

キャベツと豚肉を使った中華料理といえばホイコーローがメジャーだけど、中華には酢で炒める食べ物もあり！これがまた、超いい感じに食欲をそそる味わいなんですよ。

干豆腐とキャベツの和え物

キャベツの甘みが際立つ干豆腐の和え物。食卓にこいつがあるとずーっと食べていられる。

◎ 材料（2人分）

キャベツ（葉の部分）… 2枚（100g）
冷凍干豆腐（細切りのもの）…100g
春雨（乾燥）…20g
きくらげ（戻したもの）…30g（3〜4枚）
A｜ ごま油…大さじ2
　｜ 塩…小さじ½
　｜ うま味調味料…小さじ¼
　｜ こしょう…少々

POINT

それぞれゆでたら水にとって冷ますこと。でも長時間水にさらしたりすると旨みが抜けるので気をつけて。味見して塩気が足りなければ塩少々を足すなど調節を。

◎ 作り方

1　キャベツは手で大きめのひと口大にちぎる。きくらげは石づきを取り、大きければ半分に切る。

2　中華鍋にたっぷりの湯（分量外）を沸かし、凍ったままの干豆腐と乾燥したままの春雨を5〜6分ゆでる。引き上げて水にとり、洗って水気をよくきる。

3　同じ湯にサラダ油大さじ1（分量外）を加え、1をさっとゆで、水にとって冷ましたら水気をきる。

4　ボウルに2、3、Aを入れて混ぜる。

味も食感もバランス最高! マジで箸が止まらない

おおたき的

中華メモ

地味にうまいヤツ。キャベツときくらげをゆでるときに油を入れる理由は、色ツヤがよくなるから。キャベツは葉の部分を使うと美味しいよ。春キャベツなんて使ったら最高!

\ 細かく切り揃えりゃ映えるしうまい /

野菜豆腐スープ

中途半端に余った野菜でも、適当に形を揃えて彩りよくスープにぶち込めばOK。

◎材料（2人分）

にんじん…⅓本（50g）
木綿豆腐…⅓丁（100g）
小松菜（茎の部分）…½株分
しょうが（薄切り）…1かけ分
干し桜えび…小さじ2
A｜（合わせておく）
　｜酒…大さじ1
　｜顆粒鶏ガラスープの素…小さじ2
　｜塩…小さじ½
　｜こしょう…少々
　｜水…600㎖

◎作り方

1　にんじんは皮をむき、豆腐とともに1cmほどの角切りにする。小松菜（茎の部分）は1〜2cmの長さに切る。

2　中華鍋を強火で熱してサラダ油小さじ2（分量外）をなじませ、しょうが、干しえび、にんじんを弱火で炒める。香りが立ったらAを加え、強火にして沸騰させる。

3　中火にして5分ほど煮たら、豆腐と小松菜を加え、豆腐が浮いてきたら火を止める。

POINT

野菜たっぷりで彩りよく具だくさんにしたスープは、栄養も摂れて満足度も高まるよ。かたい根菜類も小さく切ることで火の通りが早く、すぐに完成！

小さくても干しえびの存在感がスゴイ！ 風味満点

おおたき的

中華にも切り方にそれぞれ名前があり、これは細かい角切りの丁（ディン）。野菜も豆腐も大きさを揃えて中華鍋に加えれば、あとは干しえびの旨みが何とかしてくれる。

中
華

メ
モ

\ お手軽薬膳スープでぽっかぽか /

大根の薬膳スープ

あれこれ入れなくても、花椒入りなら薬膳スープ！食欲不振や消化不良に効果ありだよ。

◎材料（2人分）

大根…小⅙本(150g)
香菜（シャンツァイ）…適量
しょうが(薄切り)…2かけ分
花椒（ホアジャオ）…小さじ½
A（合わせておく）
　顆粒鶏ガラスープの素…小さじ1
　塩…小さじ½
　うま味調味料…小さじ¼
　水…600㎖

POINT

大根は具材というよりだしとして使うイメージで、なるべく薄切りに。味に問題はないが、中華鍋で作るとスープが黒ずむので、透き通ったスープにするならフッ素樹脂加工の鍋などを使うのがおすすめ。

◎作り方

1　大根は皮をむき、なるべく薄くいちょう切りにする。香菜は小さく刻む。

2　鍋にサラダ油小さじ2（分量外）をなじませ、しょうがと花椒を弱火で炒める。香りが立ったら大根を加えて炒め、油がまわったらAを加え、強火にして沸騰させる。

3　フタをして中火で7〜8分、大根がやわらかくなるまで煮る。器に盛り、香菜を散らす。

やさしい甘みの大根スープに花椒のしびれがアクセント

おおたき的

中華 メモ

ひとつでも体によい効能のある材料が入っていて、それっぽい香りがすればそれはもう薬膳スープ。花椒はもちろん、大根やしょうが、香菜も最高に栄養価の高い食材だ！

蒸し野菜

余った野菜を全部せいろに入れて蒸すだけで、あら不思議。ひたすら"映え"るのである。

◎材料（2人分）

にんじん、さつまいも、じゃがいも、
　かぼちゃ、ブロッコリー、
　アスパラガス、とうもろこし、
　キャベツ、トマト…各適量

【ごまダレ】

芝麻醤（チーマージャン）…大さじ2
砂糖、しょうゆ、酢、ぬるま湯
　…各大さじ1

【豆豉ダレ】

マヨネーズ…大さじ2
砂糖、酢、ごま油…各小さじ2
豆豉醤（トウチジャン）…小さじ1

◎作り方

1 野菜はそれぞれ食べやすい大きさに切り、
　せいろに入れ、塩少々（分量外）をふる。

2 鍋に湯（分量外）を沸かして蒸し板を敷き、
　1のせいろをのせ、フタをして強火で10
　分蒸す。

3 ごまダレ、豆豉ダレはそれぞれ材料を混ぜ、
　蒸し野菜にかけて食べる。

POINT

かたい根菜類は薄く切ったり細切りにしたり
し、火の通りの早い野菜は大きめに
カット。蒸し上がりが揃うよう
に切り方を工夫しよう。

どちらのタレをつけようかな？食べ飽きない美味しさ

ごまダレ

豆豉ダレ

おおたき的

中華 メモ

蒸し野菜は、生食するのに次いで野
菜の栄養価や旨みをダイレクトに摂
取できる調理法だ。シンプルに塩だ
けでもいいが、うまいタレを二つ紹
介するので味変して楽しんでくれ。

PART 6

すぐに作れる "あと一品"中華

献立が物足りないとき、
パパッと作れる中華レシピもあるぞ!
炒めるだけ、和えるだけの副菜、
ほぼ沸かすだけのスープなど、
あと一品というときにプラスしちゃってね。

卵とトマト炒め

中国ではこの料理が本当に国民に愛されているよう。もちろん日本人も好きな味だ。

◎材料（2人分）

トマト…大1個（200g）

溶き卵…3個分

塩…ふたつまみ

うま味調味料…ひとつまみ

A　（合わせておく）
　　長ねぎ（みじん切り）…約½本分（15g）
　　しょうゆ、酒、水…各小さじ2
　　オイスターソース…小さじ1
　　砂糖…小さじ½
　　こしょう…少々

水溶き片栗粉…小さじ¼（ひとつまみ）

◎作り方

1　トマトはひと口大に切る。溶き卵に塩、うま味調味料を加えて混ぜる。

2　中華鍋を強火で熱してサラダ油大さじ1（分量外）をなじませ、卵液を流してさっと炒め、いったん取り出す。

3　同じ中華鍋にごま油大さじ1（分量外）を入れ、トマトを中火で炒める。角が取れて崩れてきたらAを加え、強火にして沸騰したら水溶き片栗粉でとろみをつけ、中華鍋を軽く振るようにしてタレをトマトに絡める。

4　2をほぐしながら戻し入れ、全体をさっと混ぜる。

POINT

卵をふんわり仕上げるには、さっと炒めて8割ほど火を通すこと。卵を戻し入れたあとは炒めず、鍋を振って全体が混ざったらOK。

炒めたトマトがやさしいケチャップのように卵と絡み合う

おおたき的

中華 メモ

ラオス旅行に行った際に入った中国料理店で、麻婆豆腐を注文したのにもかかわらず、この料理が出てきた。ラオスでも卵とトマト炒めが大いに推されている証拠だ（笑）。

\ 素材の旨みを味わうには油通しだ /

いんげんのしょうゆ炒め

油通し＝素揚げのことだが、こうするといんげんの旨みや甘みをしみじみ味わえる。

すぐに作れる"あと一品"中華

◎材料（2人分）

さやいんげん…20本(150g)
しょうゆ…小さじ1

POINT

いんげんを揚げる際、油の量は材料がしっかり浸かる程度でよい。皮がシワシワになったら引き上げてOKだが、短時間で火が通り、同時に素材の旨みが引き出せる。

おおたき的

中華料理屋では多くのメニューに油通しという工程を用いる。家でやるには大変なので、最もミニマムなレシピでこの秘技を取り入れてみた。ぜひ挑戦してくれたまえ。

中華 メモ

◎作り方

1 いんげんは筋があれば取り、半分の長さに切る。

2 中華鍋にサラダ油適量(分量外)を入れて180度に熱し、1を表面の皮が縮んでほんのり色づくまで揚げたらいったん取り出す。

3 残ったサラダ油を取り除いて中華鍋の汚れをふき取り、強火で熱して2を戻し入れる。鍋肌からしょうゆを回し入れ、中華鍋を軽く振るようにして全体に絡める。しょうゆが蒸発していんげんが色づいたら火を止める。

いんげん本来の豆らしい甘みやしょうゆの風味が引き立つ味

とろとろ蒸しなす

夏にこそ作りたい一品。親戚からなすをいっぱいもらうと蒸すのがうちの恒例行事です。

◎材料（2人分）

長なす… 1本(長さ約20cm)

A （合わせておく）
　　しょうゆ…大さじ2
　　ごま油…大さじ1
　　砂糖…小さじ2
　　酢、おろしにんにく、
　　　おろししょうが(またはチューブ)
　　　…各小さじ1

万能ねぎ(小口切り)…好みで適量

◎作り方

1　なすはヘタを切り落として縦半分に切り、皮目に切り込みを格子状に入れ、長さを半分に切る。塩少々(分量外)をふり、水に1〜2分つけたら水気をきって耐熱皿にのせ、せいろに入れる。

2　鍋に湯(分量外)を沸かして蒸し板を敷き、1のせいろをのせ、フタをして強火で10分蒸す。

3　蒸し上がったら皿の中の蒸し汁を捨て、Aをかけ、漬け込みながら粗熱を取る。好みで万能ねぎをのせる。

POINT

なすは塩をふってから水につけると蒸し上がりの色がきれいになる。さらに色よく仕上げたい場合は、蒸す前に表面に軽く油をぬっても。

タレを吸ってとろんとやわらかいなすはナンボでもいける

おおたき的

中華メモ

なすは箸でさけるくらいまで蒸し上げよう。タレに漬けた状態で冷蔵庫で冷やしてもまたうまし。格子状の切り込みからよくしみ込んだタレでなすが飲み物になるぞ(笑)。

お寿司屋さんで食べる卵焼きより甘い

ニラたま炒め

甘いニラたまにしょうゆをかけて食べるのが至高。そりゃご飯のおかずにピッタリだわ。

◎材料（2人分）

ニラ…約½袋（40g）

溶き卵…3個分

A | 砂糖…大さじ1
　　| 塩、うま味調味料…各小さじ¼

しょうゆ…好みで少々

POINT

ニラは香りよく炒めてから卵液に加えること。炒めすぎると黒くなるので注意して。盛りつけるときはおたまに入れてひっくり返すととまん丸できれいな形に。

◎作り方

1　ニラは5cmの長さに切る。溶き卵に**A**を加えて混ぜる。

2　中華鍋を強火で熱してサラダ油大さじ1（分量外）をなじませ、ニラを軽く炒める。香りが立ったらいったん取り出し、卵液に加えて混ぜる。

3　同じ中華鍋にサラダ油大さじ1（分量外）を入れ、ニラ入りの卵液を流し、混ぜながら炒め、かたまってきたら中華鍋を軽く振ってふんわり形を整える。器に盛り、好みでしょうゆをかける。

甘めの卵にニラ独特の風味が合わさってご飯がすすんじゃう

おおたき的

中華メモ

卵を使った料理は塩かしょうゆ系の味が多いが、このニラたまは甘い。しかしニラの風味がその甘さとなかなか合います。そしてまたしょうゆが合う。ご飯にのっけて食べても。

\ キムチのように辛くない中華の甘酢漬けだよ /

白菜の漬け物

1日漬ける必要はあるけど、作る手間は"すぐでき"感覚。常に冷蔵庫に入れておきたい。

◎材料（2人分）

白菜…⅛個（250g）
しょうが（薄切り）… 3枚
赤唐辛子（輪切り）… 1本分
A｜砂糖、酢、水…各大さじ5

POINT

爽やかな甘酢に少しだけ赤唐辛子の
ピリッとしたアクセントが加わった
白菜の漬け物。赤唐辛子を増やした
り、好みで花椒をプラスしたりし
てもよい。冷蔵庫で1週間ほど保存
OK。

◎作り方

1 白菜は葉と芯に分け、芯は細切りに、
葉はざく切りにする。全体に塩小さじ
1（分量外）をもみ込んで30分おき、出
てきた水分を絞る。

2 中華鍋にAを入れて沸騰させる。

3 バットに1を広げ、しょうがと赤唐辛
子をのせ、2をかけ、ラップをかけて
冷蔵庫に1日以上おく。

甘酸っぱくてほんのり辛い味がしみ込んだ最強常備菜

おおたき的

中華
メモ

これが中華の白菜の漬け物、ラーバ
ーツァイ（辣白菜）だ。キムチと違っ
て、そんなに辛くないヤツ。ちっち
ゃい小鉢に入って出てくると、めち
ゃくちゃ嬉しいヤツ〜！

\ 何ともいえない食感を思うがままに楽しんで /

きくらげの和え物

きくらげのプリプリ、コリコリ食感が味わえるこの料理。箸休めにもなり重宝する一品。

◎材料（2人分）

きくらげ（戻したもの）
　…100g（10〜12枚分）
パプリカ（赤・黄）…各適量
ピーマン…好みで適量
A　（合わせておく）
　しょうゆ、酢、ごま油…各大さじ1
　砂糖…小さじ1
　うま味調味料…ひとつまみ
　からし…小さじ½

◎作り方

1　きくらげは石づきを取り、大きければ半分に切る。中華鍋に湯（分量外）を沸かし、きくらげをさっとゆでて冷水にとる。

2　パプリカ、好みでピーマンはひし形になるよう斜め細切りにする。

3　1の水気をきり、2とAを加えて混ぜる。

POINT

パプリカやピーマンは生のまま食べられるので、彩りにさっと加えられて便利。きくらげと合わせると食感がいい具合にマッチするぞ。

味も食感もバランス最高！ マジで箸が止まらない

おおたき的

中華メモ

歯応えがあって満腹感の得やすいきくらげは、栄養豊富でヘルシーなのでたくさん食べても大丈夫。気づいたらすぐなくなるほど美味しいので、多めに作ることをおすすめしたい。

干豆腐と春菊炒め

もはやおかずなのか、主食なのかよくわからなくなるのが干豆腐のポテンシャル。

◎材料（2人分）

冷凍干豆腐(細切りのもの)…100g
春菊…½袋(100g)
豚ひき肉…50g

A | 赤唐辛子(輪切り)…1本分
　　| にんにく(みじん切り)…1かけ分

B | (合わせておく)
　　| オイスターソース…大さじ1
　　| しょうゆ…小さじ2
　　| 砂糖…小さじ1

ごま油…少々

POINT

干豆腐を炒め物に使うときは、かために下ゆですること。春雨と同じような使い方ができるので、サラダや和え物、炒め物などいろいろな料理にアレンジしてみて。

◎作り方

1　中華鍋に湯(分量外)を沸かし、干豆腐を凍ったまま1分ほどゆでたら、水にとって洗い、水気をよくきる。春菊は5cmの長さに切る。

2　中華鍋をふき取り、再び強火で熱してサラダ油大さじ1と½(分量外)をなじませ、ひき肉を強火で炒める。火が通って軽くパチパチと音がしてきたら、弱火にして**A**を加え、香りが立つまで炒める。

3　**1**を加え強火にして、春菊が軽くしんなりするまで炒めたら、**B**を加えて全体に絡ませ、仕上げにごま油を回し入れる。

甘じょっぱい味がしみた干豆腐が麺のようで食べ応え抜群

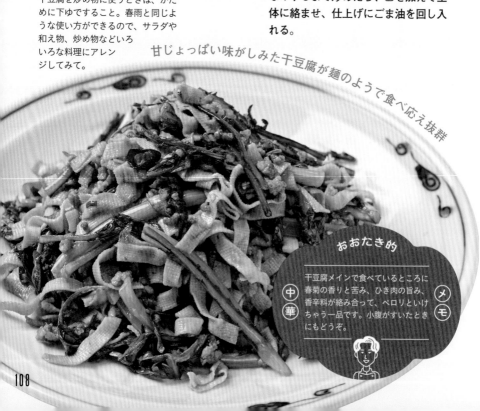

おおたき的

干豆腐メインで食べているところに春菊の香りと苦み、ひき肉の旨み、香辛料が絡み合って、ペロリといけちゃう一品です。小腹がすいたときにもどうぞ。

中華　メモ

バンバンジー

蒸し鶏＋混ぜるだけのごまダレで完成。蒸し鶏は副菜なら1枚、主菜なら2枚使って！

◎材料（2人分）

蒸し鶏(P.16参照)… 1〜2枚分
トマト… ½個
きゅうり… ½本
A｜（合わせておく）
　　芝麻醤(チーマージャン)…大さじ3
　　砂糖、しょうゆ、酢、蒸し鶏のゆで汁
　　（または水）…各大さじ1
ラー油…適量

POINT

芝麻醤はメーカーによって粘度や濃度が少し違うので、味見して濃いようなら水で調節しよう。蒸し鶏の下にもっとたくさん野菜を敷いてサラダにしても美味しいよ。

◎作り方

1　トマトは薄く半月切りにして器のふちに並べ、きゅうりは細切りにして真ん中にのせる。

2　蒸し鶏は食べやすく切り、1のきゅうりにのせる。

3　Aをかけ、ラー油を垂らす。

しっとり蒸し鶏に濃厚ごまダレをかけて本格的な味わいに

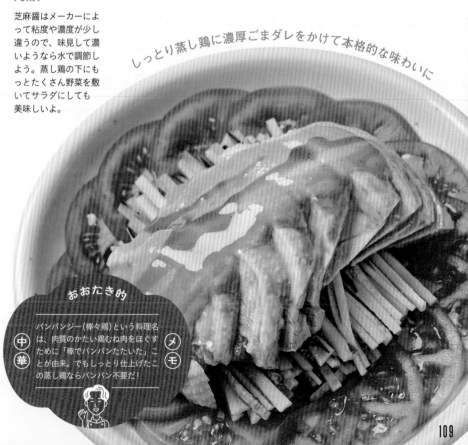

おおたき的

中華 メモ

バンバンジー(棒々鶏)という料理名は、肉質のかたい鶏むね肉をほぐすために「棒でバンバンたたいた」ことが由来。でもしっとり仕上げたこの蒸し鶏ならバンバン不要だ！

卵スープ

中華のスープは卵を入れるものが多く、他に具はなくとも満足度が高く仕上がるぞ。

◎材料（2人分）

溶き卵… 1個分
長ねぎ（みじん切り）… 1/10本分（10g）
A ┃ しょうゆ…大さじ1
┃ 顆粒鶏ガラスープの素
┃　　…小さじ2
┃ うま味調味料…小さじ1/4
┃ 塩…ひとつまみ
┃ こしょう…少々
┃ 水…500㎖
水溶き片栗粉…大さじ1
ごま油…少々
万能ねぎ（小口切り）…好みで適量

◎作り方

1　冷たい中華鍋にサラダ油小さじ1〜2（分量外）をなじませ、長ねぎを弱火で炒める。香りが立ったらAを加え、強火にして沸騰させる。

2　中火にして水溶き片栗粉でとろみをつける。片手で終始混ぜながら、反対の手で溶き卵を糸状にゆっくり流し入れる。

3　卵がふんわり浮いてきたら、仕上げにごま油を回し入れる。器に盛り、好みで万能ねぎをのせる。

POINT

中華鍋が冷たいままの状態から長ねぎを炒め始めてOK。卵はよく溶いておき、なるべく細く垂らしながら入れるとふんわりしやすいので、やってみてね。

卵がふわっと口当たりよく、やさしい味のスープ

おおたき的

中　スープにとろみをつけることで、ふ　　メ
　　わっとした卵に。イメージはしょう
華　が湯くらいのとろ〜り加減。コツさ　　モ
　　えつかめばふんわり卵の体温まる美
　　味しいスープが簡単に作れます！

\ 卵スープにトマトを加えたらうまさ倍増! /

トマトスープ

卵だけでもうまいんだから、トマトの旨みが加わったらそりゃうまいに決まってるよね。

◎材料（2人分）

トマト（くし形切り）…大1個(200g)
しょうが（薄切り）…2かけ分
溶き卵…1個分
A┃ 酒…大さじ1
┃ 顆粒鶏ガラスープの素…小さじ2
┃ 塩…小さじ½
┃ こしょう…少々
┃ 水…500㎖
水溶き片栗粉…大さじ1
ごま油…少々
万能ねぎ（小口切り）…好みで適量

POINT

中華鍋はあらかじめ熱しなくてOK。冷たい状態からしょうがを炒め始めよう。トマトはよく加熱すると旨みが出るよ。溶き卵は細く垂らすこと、これ大事！

◎作り方

1 冷たい中華鍋にサラダ油大さじ1（分量外）をなじませ、しょうがを弱火で炒める。香りが立ったら中火にしてトマトを加え、角が崩れるまで炒める。

2 Aを加え、強火にして沸騰させる。中火にして、トマトの皮がはがれるくらいまで2～3分煮たら、水溶き片栗粉でとろみをつける。片手で終始混ぜながら、反対の手で溶き卵を糸状にゆっくり流し入れる。

3 卵がふんわり浮いてきたら、仕上げにごま油を回し入れる。器に盛り、好みで万能ねぎを散らす。

トマトの酸味がスープに加わり、さっぱり喉ごし最高

おおたき的

中華 メモ

やさしくもトマトの旨みがしっかり出ている美味しいスープ。卵との相性もよく、一気に飲み切ってしまうほど。どこかトマト味のカップラーメンを思い起こさせる味なんだな。

中華スープ

チャーハンと相思相愛の関係といっても過言ではない。もちろん中華おかずとも合う。

◎材料（2人分）

長ねぎ（みじん切り）… 1/10本分（10g）

A 顆粒鶏ガラスープの素、酒
　　…各大さじ1
しょうゆ…小さじ2
うま味調味料…小さじ1/4
こしょう…少々
水…500ml

水溶き片栗粉…好みで適量
ごま油…小さじ1
長ねぎ（小口切り）…適量

◎作り方

1　冷たい中華鍋にサラダ油大さじ1（分量外）をなじませ、長ねぎを弱火で炒める。香りが立ったら**A**を加え、強火にして沸騰させる。

2　好みで水溶き片栗粉でとろみをつけ、仕上げにごま油を回し入れる。器に盛り、長ねぎを散らす。

POINT

長ねぎはみじん切りを炒めて香りを出し、仕上げに小口切りを散らして食感をプラス。他に具はないが、パパッと作れてサラッと飲めるのがよい。

こってり中華おかずやチャーハンをこのスープで流し込む

おおたき的

チャーハンとの相性は永久不滅。P.22のチャーハンから始まり、P.121の黒チャーハンまでいくつか紹介しているので、一緒に作ってみてほしい。町中華のセットが再現できるよ。

中華メモ

PART 7

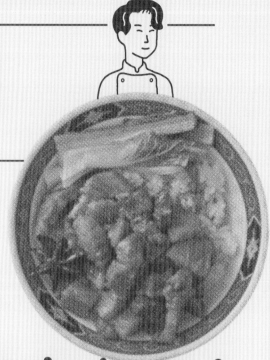

満腹になれる！中華ランチ

締めくくりとなるこの章は、
お腹いっぱい食べられるご飯もの＆麺レシピ。
中華に外せないチャーハンは
バージョン違いを取り揃えました。
ランチにおすすめだよ！

✳ ルーローハン

とにかくうまい台湾グルメ、ルーローハン（魯肉飯）。
本場のレシピを体感できるような香りと味わいに、みんな笑顔になっちゃう！

◎材料（3〜4人分）

ご飯（温かいもの）…好みの量
豚バラブロック肉…500g
玉ねぎ…½個（100g）
水…700㎖

A｜にんにく、しょうが（そのまま）
　　…各2かけ
　｜長ねぎ（青い部分）…2本分

B｜（合わせておく）
　｜紹興酒（または酒）…50㎖
　｜砂糖、しょうゆ…各大さじ3
　｜オイスターソース…大さじ2
　｜五香粉…小さじ½
　｜黒こしょう…少々
　｜八角…あれば1個

チンゲン菜…好みで適量

◎作り方

1　玉ねぎは薄切りにする。豚肉は約1.5cm幅の拍子木切りにする。

2　中華鍋を強火で熱してサラダ油大さじ1〜2（分量外）をなじませ、豚肉を透き通った脂が出るまで炒めたら、水とAを加える。沸騰したら中火にしてフタをし、少しポコポコ煮立つくらいの火加減で30分煮る。

3　フライパンにサラダ油小さじ1〜2（分量外）を入れて弱火〜中火にかけ、玉ねぎをあめ色になるまで炒めたら、Bとともに2に加えフタをして中火で30分ほど煮る。肉がひたひたになるくらいまで煮汁が減ったら火を止める。

4　器にご飯を盛り、3の豚肉をのせて煮汁をかけ、好みでゆでたチンゲン菜を添える。

POINT

玉ねぎは薄切りにすればするほど、炒めたときに早く水分が飛ぶのであめ色になりやすいぞ。

このくらいあめ色になったらOK。この玉ねぎを加えることで、ルーローハンのコクが増して美味しさアップ。

甘く華やかな香りのタレが絡んだ豚肉を、ご飯と一緒にかき込んで

おおたき的

中 **華** **メ** **モ**

Bの調味料と一緒のタイミングでゆで卵も加えると煮卵が作れて、豚肉に添えれば彩りもボリュームも◎。合計1時間煮込むので、煮詰まってしまったら水をひたひたに足して調節を。1日おくと味がなじんでさらに美味しいよ。

天津飯

かにたまはれっきとした中華料理だけど、それをご飯にのっけた天津飯は日本発祥。
実は地域や家庭によってあんの味つけが違うんです。

◎材料（1〜2人分）

ご飯(温かいもの)…好みの量
溶き卵… 3個分
A 長ねぎ(みじん切り)…⅕本分(20g)
　　 かに風味かまぼこ(ほぐしたもの)
　　　 … 6本分
　　 塩…ふたつまみ
　　 うま味調味料…ひとつまみ
B （合わせておく）
　　 砂糖…大さじ１と½
　　 しょうゆ、黒酢…各大さじ１
　　 顆粒鶏ガラスープの素、
　　　 オイスターソース…各小さじ½
　　 うま味調味料…ふたつまみ
　　 こしょう…少々
　　 水…150㎖
長ねぎ(みじん切り)…⅕本分(20g)
水溶き片栗粉…大さじ１〜
ごま油…少々

◎作り方

1 溶き卵に**A**を入れて混ぜる。器にご飯を盛る。

2 中華鍋を強火で熱してサラダ油大さじ２(分量外)をなじませ、卵液を流して混ぜながら焼き、かたまってきたら円形に整える。卵の下にサラダ油をすべり込ませるようにして周りからサラダ油少々(分量外)を入れ、中華鍋をくるくる円を描くように揺らして卵が動く状態にし、ひっくり返して裏面も焼いたらご飯にのせる。

3 同じ中華鍋にサラダ油小さじ１〜２(分量外)を入れ、長ねぎを弱火で炒める。香りが立ったら**B**を加え、強火にして沸騰させる。

4 中火にして水溶き片栗粉でとろみをつけ、仕上げにごま油を回し入れ、２にかける。

POINT

卵を片面焼いたあと、周りにサラダ油を回し入れるとひっくり返しやすい。どうしてもくっついて離れない場合は、中華鍋を揺らしながらおたまでこそいで。

甘酢あんをたっぷりかけたかにたまにご飯が足りなくなる！

おおたき的

中華

地域や家庭で異なる天津飯のあんの味つけ。食文化や嗜好の違いが派閥を生んでいると感じる。関東では甘酢ベース、関西ではしょうゆベースが主流だが、モノは試し。しょうゆベースのあんが好みの人も作ってみてほしい。

メモ

117

明太子チャーハン

正式名称はガーリック明太子バターチャーハン。僕が好きなものをまるっと詰め込みました!

◎材料（2人分）

ご飯（粗熱をとったもの）…300g
溶き卵…2個分
辛子明太子…1本（60g）
にんにく（包丁の腹でつぶしたもの）
　…1かけ分
A | バター（食塩不使用）…15g
　　　塩…小さじ½
　　　うま味調味料…小さじ¼
万能ねぎ（小口切り）…¼袋分
しょうゆ…小さじ1
刻みのり…好みで適量

POINT

明太子はあまり火を通さないほうが
美味しいので、最後のほうに加えて
さっと炒める程度に。炒めている途
中でご飯がパサつく場合は、サ
ラダ油を少々足し
てみて。

◎作り方

1　明太子は薄皮に切り込みを入れて開き、中身を
　こそげ取る。Aのバターは溶けやすいよう、細
　かく角切りにする。

2　中華鍋を強火で熱してサラダ油大さじ2（分量
　外）をなじませ、弱火でにんにくを炒め、色が
　変わるまで香りを油に移したら取り除く。

3　同じ中華鍋を強火にし、溶き卵を流して混ぜな
　がら炒め、半熟になったらご飯を加え、ほぐし
　ながら全体を混ぜ、Aを加えて炒める。

4　バターが溶けて全体にまわったら、万能ねぎ、
　明太子の中身をほぐしながら加えてさっと炒め
　る。仕上げにしょうゆを鍋肌から入れて香りを
　立たせ、全体を混ぜる。器に盛り、好みで刻み
　のりをのせる。

バター＆にんにくが香る! 明太子好きも納得の味わい

おおたき的

チャーハンには好きなものを入れれ
ば足し算のごとくうまくなるという
のが僕の考えである。なので明太子、
バター、にんにく入り。いつものチ
ャーハンに飽きたらぜひ!

中華　メモ

\ 辛くて酸っぱい、謎の中毒性を持つ味 /

辛チャーハン

辛いだけでなく、そこに酸味をプラスしたひと味違うチャーハンを紹介しよう。

◎材料（1〜2人分）

ご飯（粗熱をとったもの）… 250g
溶き卵… 2個分
豚ひき肉… 50g
A | 塩… 小さじ½
　　　うま味調味料… 小さじ¼
B | 豆板醤（トウバンジャン）… 大さじ1
　　　玉ねぎ（みじん切り）
　　　　　… ¼個分（50g）
酢… 大さじ1
香菜（シャンツァイ）… 好みで適量

POINT

これにえびを加えると、それはそれは美味しく仕上がるよ。炒めている途中でご飯にパサつきを感じたら、サラダ油少々を足すとよい。仕上げの酢は好みで量を加減しよう。

◎作り方

1　中華鍋を強火で熱してサラダ油大さじ2（分量外）をなじませ、溶き卵を流して混ぜながら炒める。卵が半熟になったらご飯を加え、ほぐしながら全体を混ぜ、**A**を加えて炒めたらいったん取り出す。

2　中華鍋の汚れをふき取り、再び強火で熱してサラダ油大さじ1½（分量外）をなじませ、ひき肉を炒める。火が通って軽くパチパチと音がしてきたら、弱火にして**B**を加え、香りが立つまで炒める。

3　**1**を戻し入れて炒め、豆板醤がまわってご飯の色が均一になったら、仕上げに酢を鍋肌から回し入れ、全体を混ぜる。器に盛り、好みで香菜をのせる。

こんな味もあったのか!? 酸っぱ辛い味がやみつきに

おおたき的

中華 メモ

この酸っぱ辛いチャーハンは、ほどよく辛く、ほのかに刺激する酸味にレンゲが止まらない味わいなのだ。暑い日などバテた日でも食欲を回復させてくれることだろう。

白チャーハン

いつものチャーハンも、あんがかかるだけで、「おぉー」と感嘆の声があがるぞ♪

◎材料（1〜2人分）

ご飯（粗熱をとったもの）…250g
卵…2個
塩…小さじ½
うま味調味料…小さじ¼
しょうゆ…小さじ1
長ねぎ（みじん切り）…¼本分（25g）
A（合わせておく）
　かに風味かまぼこ
　　（ほぐしたもの）…5本分
　顆粒鶏ガラスープの素、
　　酒…各小さじ2
　砂糖…小さじ½
　塩…小さじ¼
　こしょう…少々
　水…300㎖
水溶き片栗粉…大さじ2〜
ごま油…小さじ1

◎作り方

1　卵は1個を卵黄と卵白に分け、もう1個の卵に卵黄を加え、それぞれコシを切るようにしっかり溶く。

2　中華鍋を強火で熱してサラダ油大さじ2（分量外）をなじませ、1の溶き卵（卵白ではないほう）を流して混ぜながら炒める。卵が半熟になったらご飯を加え、ほぐしながら全体を混ぜ、塩、うま味調味料を加えて炒める。しょうゆを鍋肌から入れて香りを立たせたら器に盛る。

3　中華鍋の汚れをふき取り、再び強火で熱してサラダ油大さじ1（分量外）をなじませ、弱火で長ねぎを炒める。香りが立ったら**A**を加え、強火にして沸騰させる。

4　弱火〜中火にして水溶き片栗粉でとろみをつけ、卵白をゆっくり回し入れる。卵白がかたまったら仕上げにごま油を回し入れ、2にかける。

POINT

あんかけは、とろみがゆるいとチャーハンから流れ落ちてしまうので、水溶き片栗粉は多めにしてとろみづけすると◎。卵白はしっかりコシを切っておくとふわっと仕上がるよ。

白いあん＆かにかまの赤がきれいでやさしい味わい

おおたき的

（中華）（メモ）
材料は手軽だし、複雑な工程もなし。コスパ最高なのにすごいもの作ったなと満足度が高くなるあんかけチャーハン。ちょっといいかにかまを使うとさらに満足度アップ！

黒チャーハン

インパクト大なこのチャーハン。実は見た目の割に素朴な味わいなのだ。

◎材料（1〜2人分）

ご飯（粗熱をとったもの）…250g
溶き卵…2個分
豚ひき肉…50g

A ┌ 長ねぎ（みじん切り）
　│ 　…½本分（50g）
　│ 塩、うま味調味料
　│ 　…各小さじ¼
　└ こしょう…少々

B ┌ （合わせておく）
　│ 中国しょうゆ…大さじ1
　│ 　（またはしょうゆ大さじ½）
　└ 砂糖、しょうゆ…各小さじ½

◎作り方

1 中華鍋を強火で熱してサラダ油大さじ2（分量外）をなじませ、溶き卵を流して混ぜながら炒める。卵が半熟になったらご飯を加え、ほぐしながら全体を混ぜ、Aを加えて炒めたらいったん取り出す。

2 中華鍋の汚れをふき取り、再び強火で熱してサラダ油大さじ1（分量外）をなじませ、ひき肉を炒める。火が通って軽くパチパチと音がしてきたら、Bを加えてなじませる。

3 1を戻し入れて炒め、しょうゆがまわってご飯の色が均一になったら火を止める。

POINT

最後に味見をしてみて、薄ければ中国しょうゆを足して調節を。さらに漆黒の色合いになり、しっとりしたチャーハンに仕上がる。

中国しょうゆのコクと甘み、風味を堪能できる！

おおたき的

中華メモ

誰かに作ってビックリさせたいチャーハン。この色は中国しょうゆにしか出せない黒さだ。ほんのり甘みやコクがあって香りのよい中国しょうゆの味わいを楽しんで。

\ このタイプが担々麺の元祖! /

汁なし担々麺

元々は中国の商人が天秤棒で担いで売り歩いていたという担々麺。
ゆえに運びやすいよう、汁なしタイプが原形なのだ。さらに手軽にアレンジしたよ!

◎材料（1人分）

ラーメン用生麺… 1袋(110g)

豚ひき肉…50g

A （合わせておく）
　甜麺醤、しょうゆ…各小さじ1

B　長ねぎ（みじん切り）… 1/5本分(20g)
　しょうゆ、黒酢…各小さじ1
　砂糖、おろしにんにく（またはチューブ）
　…各小さじ1/2

香菜（茎・みじん切り）…適量

松の実…あれば適量

◎作り方

1　中華鍋を強火で熱してサラダ油大さじ
　1（分量外）をなじませ、ひき肉を炒め
　る。火が通って軽くパチパチと音がし
　てきたら、Aを加えてなじませる。

2　鍋にたっぷりの湯（分量外）を沸かし、
　麺を袋の表示時間通りにゆでる。その
　間に器にBを合わせる。

3　麺がゆで上がったら湯をきり、タレの
　入った器に加える。1をかけ、香菜を
　のせて松の実を散らす。

POINT

タレが薄まらないよう、ゆでた麺はしっかり湯き
りして加えよう。

食べるときはぐちゃぐちゃに混ぜて、具とタレを
麺に絡ませて。

ランチはもちろん深夜でも食べたいジャンクフード

おおたき的

この担々麺は、ジャンクフード極まりない味つけがとってもうまいのだ。深夜に食べて背徳感を味わうもよし。P.54の花椒油を仕上げにかけてもいい感じになる。黒酢や香菜を増やしたりして好みの味にカスタムしよう。

中華　メモ

\ 春雨が麺のようでボリュームたっぷり /

サンラータン

サンラータンは酸味と辛みのあるスープだが、春雨を加えることで主食に早変わり。
満足なボリュームなのにヘルシーなのが嬉しすぎる一杯です!

◎材料（2人分）

春雨(乾燥)…10g
干ししいたけ(戻したもの)…2枚
たけのこ(水煮)…20g
豚ロース薄切り肉…2枚
溶き卵…1個分
水…600㎖
A（合わせておく）
　　しょうゆ…大さじ2
　　酒…大さじ1
　　顆粒鶏ガラスープの素…小さじ2
　　こしょう…小さじ½〜
　　塩、うま味調味料…各小さじ¼
水溶き片栗粉…大さじ1〜
酢…大さじ1〜
ラー油…適量
香菜…好みで適量

◎作り方

1　中華鍋に湯(分量外)を沸かし、乾燥したままの春雨を5分ゆでてザルにあげる(湯は捨てる)。干ししいたけは水分をよく絞って細切りにする。たけのこ、豚肉も細切りにする。

2　同じ中華鍋に水を入れて強火で沸騰させ、1を全部中火で2分ほどゆでたらアクを取る。Aを加え、強火にして再び沸騰させたら中火にし、水溶き片栗粉でとろみをつける。

3　片手で終始混ぜながら、反対の手で溶き卵を糸状にゆっくり流し入れる。卵がふんわり浮いてきたら、仕上げに酢を回し入れる。器に盛り、ラー油を回しかけ、好みで香菜をのせる。

POINT

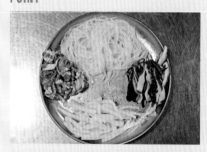

具材を細切りにすることで火が通りやすく、食べやすさもアップ。春雨もつるんとしているので、食感がよく合う。

溶き卵は片手でスープをかき混ぜながら、反対の手でこのくらい細く、ゆっくり流し入れるとふんわり仕上がるよ。

酸味豊かで辛みもある具だくさんスープに大満足

おおたき的

中華

もしもあなたがダイエット中なのであれば、ヘルシーなのに満腹になれるこのレシピはピッタリかもしれない。好みでこしょうを倍量にすればパンチ力向上（上級者向き）。仕上げの酢を増やしてもまたうまいっす。

メモ

"KFC"ならぬ "OFC"がうまい!

オオタッキーに
しない?

伝説のヒゲおじさんのフライドチキンを再現するべく、
試作を20回近く繰り返した私ことオオタッキー。
その結果、複数のスパイスなんて使わなくても、
味も食感も本物に近いレシピを作ることに成功しました!

オオタッキーフライドチキン

◎材料（作りやすい分量）

鶏もも肉… 3枚

A （肉の下味）
　塩、うま味調味料
　　…各適量
　　（それぞれ鶏肉の総量の1.5%）
　黒こしょう…小さじ2
　こしょう…小さじ1

B 強力粉（または薄力粉）…20g
　炭酸水（または水）…100ml

強力粉（または薄力粉）…適量

POINT

皮の部分をピンと張るように伸ばしてからバッター液に絡めると、大きくてボリュームのあるチキンに。

バッター液は強力粉と炭酸水を混ぜたもの。炭酸水を使うことで、衣がふわっと仕上がるのでおすすめ。

2週間仕事 そっちのけで 考え続けた 究極のレシピ

◎作り方

1 鶏肉はそれぞれ半分に切り、Ａをもみ込み、冷蔵庫に30分ほどおく。

2 ボウルにＢを合わせてバッター液を作り、冷たいままの鶏肉を絡めたら、強力粉を全体にまぶす。

3 中華鍋にサラダ油適量(分量外)を入れて130度に熱し、2を5分揚げたらいったん取り出す。再び180度に熱した油できつね色になるまで揚げて油をきる。

4 耐熱皿に3を2切れずつのせ、ラップをぴったりかけ、電子レンジ(500W)で1分加熱する。残りも同様に加熱し、粗熱を取る。

バッター液に絡めてから強力粉をまぶすとしっかり衣付けできる。余分な粉は払ってから揚げよう。

おおたき的

本物は衣がやわらかめなので、揚げたあと電子レンジで加熱するのがコツ。さらに、出来立てよりも粗熱が取れてから食べたほうがそれっぽい食感に。加熱時間は衣がしっとりするまで、様子を見て調節してくれ。

中華メモ

著者：おおたき

山形県酒田市にある創業40年以上の中華料理店（いわゆる町中華）で、父親とともに料理人として腕をふるい、YouTubeでは「とにかく売れたい中華料理屋」チャンネルを運営。素朴な中華料理の美味しさ、作る楽しさを伝えるチャンネルは、スタートして2年で登録者が20万人を超える（2024年5月現在、登録者24.8万人）。日々修業して得た調理のコツを初心者向けに楽しくわかりやすく披露し、実際に作った人から「忘れられない美味しさ」「味のバランスがよくて家族にも喜ばれた」など好評を博している。

YouTube　とにかく売れたい中華料理屋
Instagram　@sakata_ryuhooo
X　@tonityu_

家のコンロでも100%おいしい！

まいにちのおうち中華80

2024年6月20日　初版発行

著者　おおたき
発行者　山下　直久
発行　株式会社KADOKAWA
　　　〒102-8177　東京都千代田区富士見2-13-3
　　　電話：0570-002-301（ナビダイヤル）
印刷所　図書印刷株式会社
製本所　図書印刷株式会社

©Otaki 2024　Printed in Japan
ISBN 978-4-04-606908-5　C0077